Gustave Simon

Le Roman de SAINTE-BEUVE

Quatrième Édition

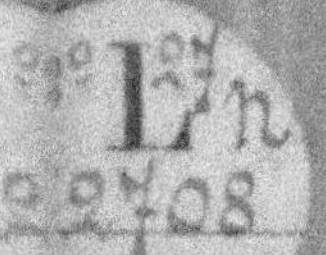

PAUL OLLENDORFF
ÉDITEUR
50, Chaussée-d'Antin
PARIS

Le Roman de Sainte-Beuve

GUSTAVE SIMON

Le Roman
de
Sainte-Beuve

QUATRIÈME ÉDITION

PARIS

SOCIÉTÉ D'ÉDITIONS LITTÉRAIRES ET ARTISTIQUES
Librairie Paul Ollendorff
50, CHAUSSÉE D'ANTIN, 50

1906

Il a été tiré à part

10 exemplaires sur papier de Hollande

numérotés à la presse.

Dans plusieurs volumes et dans de nombreux
articles on a essayé de faire l'histoire des relations de Sainte-Beuve avec Victor Hugo et
Mme Victor Hugo ; mais on n'avait pour éléments
que la *Correspondance* de Victor Hugo et une
plaquette de vers, clandestine, de Sainte-Beuve.
La plaquette, il est à peine besoin de le dire,
était sujette à caution, et les précieuses Lettres
de Victor Hugo étaient en plus d'un endroit
obscures et parfois incompréhensibles : il y
manquait, pour les expliquer, les Lettres de
Sainte-Beuve. — Ah! ces lettres, si on les
avait!... on pourrait avec elles établir enfin la
vérité!... mais, sans doute, elles étaient perdues? brûlées, peut-être? — Eh bien, ces
Lettres, on les a, elles ont été récemment
retrouvées; elles étaient égarées, dispersées

parmi d'autres papiers; on les a rassemblées, classées, ordonnées, non sans peine; quelques-unes font défaut, mais celles qui restent suffi-sent à former un tout, et, en les rapprochant des Lettres de Victor Hugo, en les éclairant les unes par les autres, on pourra sûrement parvenir à tout comprendre, à tout deviner. Nous possédons maintenant presque toutes les pièces du procès, nous les mettons sous les yeux du lecteur, nous les commenterons avec lui : cela suffira, même sans plaidoirie, pour qu'il prononce le verdict en toute connaissance de cause.

Un mot sur le caractère des Lettres de Sainte-Beuve. Il ne faut pas croire qu'elles fassent tort à sa mémoire, elles lui font grand honneur, au contraire. Deux ou trois surtout peuvent comp-ter parmi les plus émouvants cris d'amour et de douleur qu'ait jetés une pauvre âme humaine. Si celui qui a écrit ces lettres s'en était tenu là, s'il n'avait pas compromis d'avance par de méchants vers, — méchants aux deux sens du mot, — la profonde impression de cette prose enflammée; s'il n'avait ainsi gâté vilainement la plus belle page de son œuvre et de sa vie, si on n'eût entendu de lui que ces « immortels sanglots », ces Lettres, pures de toute tache, réunies à celles de Victor Hugo, fussent restées comme un des plus beaux et des plus poignants parmi les « romans vécus » les plus célèbres.

Le Roman de Sainte-Beuve

I

LE JEUNE MÉNAGE

Avant d'entrer dans le drame, il est nécessaire d'en connaître les personnages, nécessaire de savoir dans quelles conditions, dans quel état d'âme Victor Hugo, sa jeune femme et Sainte-Beuve se rencontrèrent; eux, paisiblement heureux, aimés, honorés, fêtés de tous; lui, solitaire, amer, inquiet, mécontent des autres et de lui-même.

On connaît les adorables *Lettres à la Fiancée* : on sait comme, à dix-sept ans, Victor Hugo, cœur aussi précoce que son génie, devint amoureux d'une fillette de son âge; on se rappelle ce que fut cet amour à la fois ardent et pur; on admire avec quel courage et quelle persévérance ce jeune homme, cet enfant presque, lutta pendant trois années contre toutes les résistances et finit par triompher de tous les obstacles. Le 12 octobre 1822, il épousait la bien-aimée.

Les jeunes mariés n'étaient pas bien riches : la pension royale de mille francs pour lui, une petite dot de trois ou quatre cents francs, avec quelques meubles et effets, pour elle. Il fallut habiter d'abord chez le père d'Adèle; mais, au bout de quelques mois, Victor put louer et meubler, rue de Vaugirard, un modeste logement. Ils étaient chez eux!

Alors commence pour eux une vie charmante et touchante d'amour et de travail. Adèle est devenue tout de suite enceinte, elle accouche d'un garçon, le 12 juillet 1823, neuf mois, jour pour jour, après le mariage. Quelle joie pour les jeunes époux! Joie bientôt changée en douleur : l'enfant, auquel on avait donné une nourrice, mourait le 12 octobre, anniversaire même de leur mariage! Et leur amour, si grand, eut ainsi son seul accroissement possible : pleurer ensemble.

Victor Hugo réconfortait de son mieux la pauvre mère, ayant, lui, son réconfort, le travail : car, à travers les joies et les deuils, il était déjà le grand laborieux qu'il fut toute sa vie. Il avait promptement terminé son roman commencé de *Han d'Islande*, qu'il publia en janvier 1823. Tout en poursuivant ses études et ses lectures, il préparait un nouveau volume de poésies. Sa manière et sa visée y prennent plus d'ampleur ; mais, comme autrefois sa fiancée, ce qui l'inspire encore le mieux, c'est sa femme. Son amour est maintenant de l'adoration, et les vers qu'il lui adresse sont d'un sentiment qu'il n'a nulle part dépassé.

ENCORE A TOI

A toi ! toujours à toi ! Que chanterait ma lyre ?
A toi l'hymne d'amour ! à toi l'hymne d'hymen !
Quel autre nom pourrait éveiller mon délire ?
Ai-je appris d'autres chants ? Sais-je un autre chemin ?

C'est toi dont le regard éclaire ma nuit sombre ;
Toi dont l'image luit sur mon sommeil joyeux ;
C'est toi qui tiens ma main quand je marche dans l'ombre,
Et les rayons du ciel me viennent de tes yeux.

. . . .

Je t'aime comme un être au-dessus de ma vie,
Comme une antique aïeule aux prévoyants discours,
Comme une sœur craintive à mes yeux asservie,
Comme un dernier enfant qu'on a dans ses vieux jours.

Hélas! je t'aime tant qu'à ton nom seul je pleure...

SON NOM

. . . .
Le parfum d'un lys pur, l'éclat d'une auréole,
  La dernière rumeur du jour,
La plainte d'un ami qui s'afflige et console,
L'adieu mystérieux de l'heure qui s'envole,
  Les doux bruits d'un baiser d'amour...
. . . .

Le chant d'un chœur lointain, le soupir qu'à l'aurore
  Rendait le fabuleux Memnon,
Le murmure d'un son qui tremble et s'évapore,
Tout ce que la pensée a de plus doux encore,
  O lyre, est moins doux que son nom!

La renommée de l'ardent jeune homme croissait avec son talent, avec son amour.

Les *Nouvelles Odes* parurent en février 1824. Elles avaient, comme les premières, une préface qui pouvait passer pour une préface de combat. L'école « romantique » commençait à se prononcer avec éclat contre l'école dite « classique », et, dans cette lutte de la vérité contre la convention, ces programmes, en même temps modestes et fiers, faisaient de Victor Hugo l'un des chefs de la jeunesse.

Dès ce temps-là fréquentaient chez lui les poètes et les artistes déjà célèbres, Lamartine, Alfred de Vigny, Émile et Antony Deschamps ; le statuaire David d'Angers, l'architecte Robelin, les peintres Louis Boulanger, Eugène et Achille Devéria, quelquefois Eugène Delacroix. On discutait, on disputait art, poésie, critique, même théâtre ; on se lisait les vers qu'on venait d'achever ; on se conseillait, on se critiquait, on s'applaudissait et, pour finir en gaieté, on daubait sur les « perruques ». Le grand enthousiasme, c'était dans le moment l'architecture gothique, que les classiques détestaient ; le grand amour, pour ces chercheurs de la vérité, c'était la nature. Les soirs d'été, leur récréation et leur joie, c'était de partir, de s'en aller en bande : ils passaient la barrière, alors très proche, ils gagnaient quelque colline propice, et, là, ils regardaient les couchers du soleil. Le dimanche, ils aimaient à se retrouver, dans les mêmes parages, à une guinguette qu'avait découverte Abel Hugo, le frère aîné de Victor ; ils dînaient bruyamment ensem-

ble en plein air, à une table de bois mal équarri,
puis se rendaient, après le repas, à un bouquet
de bois voisin, s'étendaient sur l'herbe et repre-
naient sous les étoiles leur causerie de littérature
et d'art en écoutant fredonner au loin

> Les vagues violons de la mère Saguet.

Adèle Hugo, choyée, admirée, honorée, était
la grâce et le charme de ces réunions frater-
nelles. On était habitué à la voir sans cesse à
côté du poète. Elle était là quand il travaillait,
elle était là quand il recevait un ami. Elle parlait peu, elle écoutait beaucoup. Élevée dans
un milieu bourgeois et assez rétréci, elle avait
du moins cette science de se savoir ignorante;
mais, docile et attentive à son mari, suspendue
à son bras, suspendue à ses lèvres, elle refaisait
avec son cœur l'éducation de son esprit.

*
* *

Au mois de juillet 1824, il leur était venu un
autre enfant, une petite fille, qu'on avait appelée
Léopoldine, du nom de son grand-père. Oh!
celle-là, il ne fallait pas la perdre! La jeune mère
avait résolu de la nourrir elle-même, de nour-

rir tous les enfants qu'elle aurait, et elle vit bientôt comme ce devoir était doux.

Voici ce qu'on a trouvé dans des feuillets de souvenirs laissés par madame Victor Hugo :

« Victor Hugo avait, à la naissance de sa Léopoldine, connu la paternité dans toute son extension et donné à son nouveau-né tout l'amour qu'il multiplia ensuite sur ses autres enfants. La chère fille, que sa mère allaitait, partageait la chambre conjugale, et, le jour venu, elle gravissait, de son berceau, le grand lit, et de son doigt naïf essayait d'ouvrir les yeux de sa mère pour lui faire comprendre qu'il était l'heure de s'éveiller. La mère résistait à la ténacité de son nourrisson, puis cédait, et c'était alors des joies et des rires à trois.

« Le jeune ménage emmenait, en toute sortie, le maillot chéri, qui, porté par sa bonne, allait devant, le visage tourné vers le couple heureux. Cette douce vue ne suffisait pas au père, il prenait sa fille dans ses bras pour la posséder tout entière. Il lui parlait, elle souriait, gazouillait, et avait à peine un an qu'elle jasait [1]... »

1. Inédit.

C'est vers ce temps-là que le jeune couple reçut un jour la visite de M. Dubois, directeur du journal *le Globe*. Il n'était pas très sentimental, M. Dubois; c'était un doctrinaire grave et froid; il n'en fut pas moins attendri de ce qu'il vit au logis de Victor Hugo. Écoutons-le :

« Je l'avais visité dans son modeste et charmant réduit de la rue de Vaugirard. Là, dans l'entresol d'un atelier de menuiserie, j'avais vu dans un tout petit salon un jeune père et une jeune mère balançant dans leurs bras un enfant de quelques mois, et lui enseignant à joindre ses petites mains pour la prière en face de quelques jolies copies et gravures des madones et des enfants-Jésus de Raphaël. Bien que toujours un peu arrangée, la scène, cependant naïve et sincère, car les traits du cœur y perçaient sans cesse à tout moment, surtout chez la jeune mère, m'avait touché et ravi [1]. »

En 1825, un grave événement apporta dans l'amoureux ménage une juste fierté, mais en

1. Cf. Lair. *Un maître de Sainte-Beuve.*

même temps un gros chagrin. Louis XVIII venait de mourir et Charles X allait être sacré à Reims. Victor Hugo était à Blois, chez son père le général Hugo, avec sa jeune femme et sa petite fille, quand il apprit tout à coup qu'il était nommé, ainsi que Lamartine, chevalier de la Légion d'honneur et invité aux fêtes du sacre. Décoré! hôte du roi! c'étaient là de grands honneurs pour un jeune homme de vingt-trois ans. Mais quoi! il allait donc, pour la première fois, quitter sa femme et son petit enfant! Il avait bonne envie de refuser au moins l'invitation; mais son père déclarait qu'il ne pouvait décliner une distinction qui marquait une telle étape dans sa carrière. Le père d'Adèle était de cet avis, et Adèle elle-même était obligée de convenir, toute en larmes, qu'ils avaient raison. Il fallut donc se résigner à partir, avec quel déchirement! L'absence ne devait pas être fort longue, — une quinzaine au plus, — mais elle aurait dû se prolonger toute une année, il se serait embarqué pour les Indes, que la séparation n'eût pas été plus cruelle. Et ce furent, au départ, des larmes, des embrassades, des recommandations sans fin.

Victor part de Blois, le matin du 18 mai; il arrive à Orléans vers quatre heures, et, en descendant de voiture, sans s'arrêter, sans s'asseoir, il demande une plume et se met à écrire :

« ... Tu ne saurais croire combien, depuis que je t'ai quittée, bien-aimée, le temps m'a paru long et la distance énorme. Je ne pense qu'avec un grand abattement aux quatorze lieues qui me séparent déjà de toi, aux huit heures que je viens de passer sans toi. Que sera-ce donc demain? que sera-ce après-demain? et après? et après? Vraiment, mon Adèle, ma bien-aimée Adèle, prie Dieu qu'il me donne du courage : j'en ai besoin, et ces quinze jours me font l'effet de l'éternité... »

Et quand il est arrivé à Paris :

« ... Sais-tu qu'il y a quatre jours et trois nuits que nous sommes séparés? Que le temps est long! et qu'il me tarde de savoir ce que tu fais depuis l'éternité que je ne t'ai vue! Comme tout est désert autour de moi, maintenant que tu n'es plus là! Quelle force nous avons eue, chère aimée, et quelle force il nous faut encore! »

Les lettres qui suivent sont presque toutes sur ce ton. Il n'y faut pas chercher beaucoup de descriptions et de récits, pas même le récit de la cérémonie du sacre : Adèle, les réponses d'Adèle, le souvenir d'Adèle, y tiennent à peu près toute la place.

Le voyage de Reims fut suivi, dans l'automne de cette même année 1825, d'un autre voyage, mais celui-là heureux sans mélange ; sa femme accompagnait le poète, avec son enfant. Ils allèrent ainsi aux Alpes avec leur ami Charles Nodier et sa famille ; ils s'arrêtèrent à Saint-Point pour faire visite à Lamartine. Tout cela ne fut pour lui et elle qu'une longue fête : ils étaient ensemble !

.·.

L'année 1826 fut marquée pour Victor Hugo par la publication de *Bug-Jargal* et d'un troisième volume *d'Odes* et par la naissance, en novembre, de son fils Charles, qu'Adèle allaita comme sa fille.

Son nouveau livre de poésies, encore en progrès sur les autres, leur ressemblait pourtant d'une certaine manière ; c'est que l'image et la pensée de l'aimée continuaient d'y revenir, ou plutôt d'y planer.

Le poëte rappelle, dans *le Voyage*, sa récente douleur de l'absence :

Que faire maintenant de toutes mes pensées,
De mon front qui dormait dans tes mains enlacées,
De tout ce que j'entends, de tout ce que je vois?
Que faire de mes maux, sans toi pleins d'amertume,
De mes yeux dont la flamme à tes regards s'allume,
De ma voix qui ne sait parler qu'après ta voix?

Dans *la Promenade*, il va aux champs avec elle, il marche avec elle « dans son rêve étoilé » :

. . . .
Qu'il est doux près de toi d'errer libre d'ennuis,
Quand tu mêles, pensive, à la brise des nuits
    Le parfum de ta douce haleine!

C'est pour un tel bonheur, dès l'enfance rêvé,
Que j'ai longtemps souffert et que j'ai tout bravé!
    Dans nos temps de fureurs civiles,
Je te dois une paix que rien ne peut troubler.
Plus de vide en mes jours! Pour moi, tu sais peupler
    Tous les déserts, même les villes.

Ainsi continuait leur idylle ; nul changement dans leur bonheur, sinon qu'il s'éclairait maintenant d'un rayon de gloire. Cinq ans avaient passé, trois enfants étaient nés, l'époux n'avait pas cessé d'être l'amant. Pas un nuage n'avait traversé leur azur ; pas un désaccord n'avait traversé leur doux paradis à l'entresol.

II

« *JOSEPH DELORME* »

Au mois de janvier 1827, Victor Hugo lut
dans le journal *le Globe* deux articles, signés de
simples initiales, qui rendaient compte de son
édition nouvelle des *Odes et Ballades*. Le *Globe*,
journal libéral, dirigé par M. Dubois, n'était
nullement hostile à l'école qui bataillait de son
côté pour la liberté dans l'art. On venait pourtant d'y attaquer quelque peu *Cinq-Mars*, le
roman récent d'Alfred de Vigny ; mais les deux
articles sur les *Odes et Ballades*, s'ils n'étaient
pas sans réserves, étaient écrits « dans un assez
vif sentiment de sympathie et de *haute estime* ».
— C'est dans ces termes qu'en parle l'auteur
lui-même, étant de ceux qui se défendent toujours de l'admiration sans réticence.

Ce qui dut surtout toucher Victor Hugo, ce fut sans doute ce passage du second article :

« Qu'on s'imagine à plaisir tout ce qu'il y a de plus pur dans l'amour, de plus chaste dans l'hymen, de plus sacré dans l'union des âmes sous l'œil de Dieu ; qu'on rêve, en un mot, la volupté ravie au ciel sur l'aile de la prière, et l'on n'aura rien imaginé que ne réalise et n'efface encore M. Hugo dans les pièces délicieuses intitulées *Encore à toi* et *Son Nom* ; les citer seulement, c'est presque en ternir déjà la pudique délicatesse... »

Victor Hugo alla au *Globe* remercier M. Dubois et lui demanda le nom et l'adresse de l'auteur de ces articles pour le remercier à son tour. Le critique était un jeune homme de talent appelé Sainte-Beuve ; il demeurait au numéro 94 de la rue de Vaugirard. Or, Victor Hugo logeait précisément au numéro 90 de la même rue. Il admira ce hasard et s'en alla du même pas sonner à la porte de son voisin, ami déjà. Sainte-Beuve était absent, mais dès le lendemain vers midi, il se présentait chez le

poëte. Victor Hugo, qui était à déjeuner,
le reçut sans le faire attendre et lui témoigna la
cordialité avec laquelle ces jeunes combattants
de la mêlée romantique accueillaient ceux en qui
ils pouvaient espérer des recrues et des auxi-
liaires.

*
* *

Sainte-Beuve avait alors vingt-trois ans ; il
était petit, laid de visage et peu gracieux de
tournure ; sa déplaisante physionomie s'éclairait
seulement d'un regard vif et pénétrant. Né d'un
père de plus de cinquante ans et d'une mère de
quarante ans, il avait tout jeune un air vieillot.
Son père était mort avant sa naissance ; il avait
grandi sans guide entre une mère et une tante,
excellentes femmes, mais qui paraissent avoir
été fort insignifiantes. Il avait achevé à Paris, au
collége Charlemagne, de très bonnes études
commencées en province. Sa mère était venue
le rejoindre au sortir de ses classes et il habitait
avec elle. Leurs ressources étaient médiocres,
il avait dû prendre un état : il avait choisi la
médecine sans y avoir beaucoup de goût. Mais,
par bonheur, M. Dubois, un de ses professeurs

du collège Charlemagne, venait de fonder le *Globe* et lui avait fait une place dans son journal. Ses premiers articles, sur des sujets historiques ou géographiques, avaient tout de suite révélé ses maîtresses qualités, justesse et finesse ; mais ce succès-là ne le satisfaisait qu'à demi.

La critique était son don, la poésie était sa manie. Être un poète, un Byron, un Lamartine, voilà quel était par-dessus tout son rêve. Seulement, l'imagination lui faisait défaut, l'inspiration le fuyait, le vers lui résistait, ne venait qu'avec labeur et sans grâce. Dans son *Joseph Delorme*[1], qui est lui-même, il nous a confié ses tourments :

« Son premier amour pour la poésie se convertit en une aversion profonde. Il se sevrait rigoureusement de toute lecture enivrante pour être certain de tuer en lui son inclination rebelle... Ce qu'il souffrit pendant deux ou trois années d'épreuves continuelles et de lutte journalière avec lui-même, quel démon secret corrompait ses études présentes en lui retraçant les anciennes ! quels tressaillements douloureux

1. *Vie, Pensées et Poésies de Joseph Delorme* (1829).

il ressentait à chaque triomphe nouveau de ses jeunes contemporains!... »

Le malheur de Sainte-Beuve voulut que la poésie ne fût pas encore son seul amour déçu : de nature sensuelle, il aimait, il voulait, en même temps que la Muse, la femme; et la femme, hélas! lui échappait comme la Muse. Le sentiment de sa laideur le rendait gauche et timide et sa timidité le rendait sauvage. Rebelle à tout lien par caractère, il répugnait à l'idée du mariage; il lui aurait fallu, dit-il, « une mademoiselle Lachaux, une mademoiselle de Lespinasse ou une Lodoïska ». Mais ces beautés-là appellent et veulent aussi la beauté, et, ce n'est pas tout qu'elles vous plaisent, il faut leur plaire. Les aveux de « Joseph Delorme » nous laissent supposer que le seul amour qu'il connût ne fut pas celui qui se donne.

Dans ses vers du moins il se berçait de chimères et, comme don César de Bazan, cherchait « l'ombre de l'amour »; tantôt modeste, souhaitant, « seulement pour trois ans,

..... dans son lit un œil noir; »

tantôt prenant des airs de don Juan, et, non

content de mettre à mal vierge, jeune veuve,
jeune épouse, les délaissant méchamment le
lendemain de la victoire :

> Mais moi, lassé demain d'un bonheur trop facile,
> Retrouvant le dégoût en mon âme indocile,
> Malgré les doux serments, ...
> Les baisers, les grands bras prêts à me retenir,
> Demain je sortirai pour ne plus revenir ;
> Car je foule la fleur sitôt qu'elle est ravie.

Hélas, il le savait trop, ce n'étaient là que
songes, et la triste réalité c'était le vide dans
son cœur, le vide dans sa vie.

Il portait impatiemment le poids de cette solitude : il avait des relations, mais il n'avait pas
plus d'amis qu'il n'avait de maîtresses. Aucune
affection pour le consoler, pour le conseiller.
Son esprit inquiet cherchait en vain sa voie et
son but. Nulle religion et nulle conviction. Que
croire et que penser ? que faire ? Il tombait dans
des accès d'aigreur et de misanthropie.

La part faite de l'exagération littéraire, il
confesse ainsi dans *Joseph Delorme* sa secrète
souffrance :

« Son âme n'offrait plus qu'un inconcevable

chaos, où de monstrueuses imaginations, de fraîches réminiscences, des fantaisies criminelles, de grandes pensées avortées, de sages prévoyances suivies d'actions folles, des élans pieux après des blasphèmes, s'agitaient confusément sur un fond de désespoir. »

Et cependant, au milieu de ces découragements et de ces défaillances, il est certain que Sainte-Beuve devait avoir la conscience de forces, de véritables forces intellectuelles, qui étaient en lui et qui se produiraient un jour ou l'autre.

Tel était, à peu près, l'état d'âme du jeune visiteur auquel Victor Hugo faisait bon accueil au commencement de 1827.

.·.

Le visiteur a raconté lui-même cette première visite, mais à longue distance et bien froidement, à ce qu'il semble :

« La conversation roula en plein sur la poésie; Mme Hugo me demanda à brûle-pourpoint de qui donc était l'article un peu sévère qui avait paru dans *le Globe* sur le *Cinq-Mars* de De Vigny. Je confessai qu'il était de moi. Hugo,

au milieu de ses remerciments et de ses éloges
pour la façon dont j'avais apprécié son recueil,
en prit occasion de m'exposer ses vues et son
procédé d'art poétique, quelques-uns de ses
secrets de rhythme et de couleur. Je faisais dès
ce temps-là des vers, mais pour moi seul et
sans m'en vanter : je saisis vite les choses neu-
ves que j'entendais pour la première fois et qui,
à l'instant, m'ouvrirent un jour sur le style et
la facture des vers; comme je m'occupais déjà
de nos vieux poëtes du xvie siècle, j'étais tout
préparé à faire des applications et à trouver
moi-même des raisons à l'appui. »

En admettant que cette première visite ait
été si technique et si professionnelle, un peu
plus de confiance paraît s'être établie à la
seconde. Victor Hugo voulait aborder le théâtre
et venait d'achever son *Cromwell*. Il en lut à ce
nouvel auditeur plusieurs scènes.

Elles eurent sans doute son approbation : car
Victor Hugo lui écrivit quelques jours après, —
c'était le 8 février, — pour lui demander « s'il
avait velléité d'en entendre davantage ». Dans
ce cas, Victor Hugo l'invitait à venir le lundi

suivant chez son beau-père, rue du Cherche-
Midi, hôtel des Conseils de guerre :

« Tout le monde sera charmé de le voir et
moi surtout. Il est du nombre des auditeurs
que je choisirai toujours parce que j'aime à les
écouter. »

La lecture de *Cromwell* se fit le 12 février.
Dès le lendemain 13, Sainte-Beuve écrivait
au poëte une lettre bien curieuse et bien
caractéristique. L'apprenti en poésie avait docilement écouté et pieusement recueilli les
leçons du jeune maître; mais ici le critique reprenait son avantage et il en usait assez largement.

Il se répandait sans doute en éloges sur la
beauté et l'originalité du drame, mais la part
des reproches tenait la plus grande place, et
Sainte-Beuve ne ménageait pas à Victor Hugo
« les vérités ». Il relevait, avec raison, des
invraisemblances dans les situations et dans les
caractères; il était moins juste peut-être quand
il se plaignait de l'outrance et de l'exagération
de certaines scènes; il ne se rendait pas compte
que l'optique du théâtre exige ces agrandisse-
ments; et si l'on se reporte à l'époque où fut

composé *Cromwell*, la hardiesse et la nouveauté de l'œuvre y pouvaient compenser les fautes de métier et les inexpériences.

Quoi qu'il en soit, il est certain que Victor Hugo, qui passe pour avoir été toujours d'un orgueil intraitable, accepta de bonne grâce les sévérités de son jeune juge. Si, d'après son principe constant, il n'essaya pas de corriger *Cromwell*, il put se garder, dans ses autres drames, des fautes qu'on lui signalait.

Au bout de quelques jours, Sainte-Beuve répondait à sa confiance en le prenant pour juge à son tour. Il repêchait ses pièces de vers dans ses tiroirs, faisait un choix de celles qu'il estimait les moins faibles, et, ce qu'il n'avait osé jusqu'alors avec personne, il les envoyait à Victor Hugo.

Sainte-Beuve avait adressé à Victor Hugo une critique de critique. Victor Hugo lui montra ce que c'était qu'une critique de poète. C'était déjà, ce fut toujours sa manière, de ne voir d'abord dans les œuvres de ceux qu'il aimait que ce qu'elles avaient de bien et de n'en indiquer ensuite les faiblesses qu'en les éclairant par les éloges. Ils ne devaient pas être excel-

lents, les premiers vers de Sainte-Beuve, si
l'on en juge par ceux qui ont été conservés.
Victor Hugo, après les avoir lus, n'en adressa
pas moins à l'auteur le billet suivant :

« Venez vite, monsieur, que je vous remercie
des beaux vers dont vous me faites le confident.
Je veux vous dire aussi que je vous avais deviné,
moins peut-être à vos articles si remarquables
d'ailleurs qu'à votre conversation et à votre
regard, pour un poète. Souffrez donc que je sois
un peu fier de ma pénétration et que je me
félicite d'avoir pressenti un talent d'un ordre
aussi élevé. Venez, de grâce, j'ai mille choses à
vous dire. »

Un poète ! Victor Hugo affirmait à Sainte-
Beuve qu'il était un poète ! Un de ces jeunes
triomphateurs qu'il avait le plus jalousement
admirés avait tout d'abord deviné qu'il était un
poète ! Rien au monde, si ce n'est la déclaration
d'amour d'une jolie femme, ne le pouvait
rendre plus fier et plus heureux. Son souhait le
plus ardent était exaucé, son plus beau rêve
était accompli. Il courut chez Victor Hugo, il lui
appartenait de ce jour tout entier.

*

Alors se noua entre les deux jeunes gens l'intimité la plus étroite et bientôt la plus tendre. Victor Hugo alla prendre un appartement au numéro 11 de la rue Notre-Dame-des-Champs, Sainte-Beuve se hâta d'en louer un au numéro 19. Sainte-Beuve n'avait pas d'ami, Victor Hugo lui donna les siens. Sainte-Beuve fut désormais de ce qu'on appelait le « Cénacle » ; on le mena contempler les soleils couchants et boire le vin bleu de la mère Saguet.

Quel bonheur ! il n'était plus seul, il avait maintenant un conseiller, un guide ; et quel guide ! Nous aurions peine à nous faire, aujourd'hui, une idée de l'ascendant aimable et doux qu'exerçait alors Victor Hugo sur ses jeunes compagnons. « On était séduit, fasciné, dit l'un d'eux[1], par tant de pureté, de grâce et d'imagination, mariées à un génie si franc et si vigoureux ; l'admiration développait en ceux qui l'approchaient un sentiment d'amitié et un enthousiasme presque aussi vifs et aussi passionnés que l'amour même. »

1. G. de Saint-Valry.

Sainte-Beuve subit ce charme avec entraîne-
ment ; les idées et les opinions de Victor Hugo
devinrent ses opinions et ses idées ; lui qui de
sa vie ne s'était attardé à considérer le portail
d'une église, il s'était fait initier à tous les
les secrets du plein cintre et de l'ogive. Mais,
pour les deux amis, c'était encore la poésie qui
était le plus cher sujet de leurs entretiens. Il y
a bien peu des notes de *Joseph Delorme* qui ne
soient des échos de la causerie de Victor Hugo.
Sainte-Beuve, d'autre part, faisait communier
avec lui Victor Hugo dans le culte de Ronsard
et de la Pléiade. Ils se lisaient, au fur et à mesure, s'échauffant, s'inspirant ensemble, les
poèmes qu'ils écrivaient alors : — Sainte-Beuve,
Joseph Delorme, et Victor Hugo, *les Orientales*.

Au mois d'août 1828, cette précieuse commu-
nauté fut interrompue par une invitation que
reçut Sainte-Beuve de faire un voyage en Angleterre. Les deux amis se séparèrent avec peine
en se promettant de s'écrire, et Sainte-Beuve
écrivit en effet deux longues lettres, pleines du
sujet qu'il savait passionner son ami : l'architecture gothique :

« Dans tout ce que j'ai vu de beau jusqu'à présent, lui dit-il, et dans tout ce que je verrai, vous entrez pour une grande part; je sens et j'admire bien souvent à votre intention autant qu'à la mienne. Je vous dois d'ailleurs, et cela m'est bien doux, de comprendre et de sentir l'art, car auparavant j'étais un barbare. Une cathédrale était pour moi une énigme dont je ne cherchais pas le mot, et le plus beau tableau ne me semblait qu'une idée que j'évaluais à la *gens de lettres...* »

« ... J'ai dû, pendant mon voyage, dire bonsoir à toute poésie; ce sera pour mon retour, quand j'aurai retrouvé votre vivifiant soleil, à à vous, à de Vigny, à Boulanger, à Émile Deschamps ; car cette poésie, au moins chez moi, est une taupe honteuse qui rentre à cent pieds sous terre, à moins de silence profond et de sécurité parfaite. Aussi, j'ai des tristesses, des regrets de vous tous qui me feraient pleurer, si je pouvais être seul un quart d'heure. »

En effet, son retour en France fut en même temps son retour à la poésie. Dès son arrivée, il rassembla ses vers, ses pensées, ses notes, composa cette sorte d'autobiographie morale qu'est la *Vie de Joseph Delorme* et envoya le tout à Victor Hugo, en lui écrivant :

« Lisez, mon cher ami, ces quelques misérables pages. Tâchez de vous mettre à la place de celui qui les écrit pour les comprendre et les excuser. Si vous croyez franchement qu'il n'y ait pas scrupule et honte à dévoiler ainsi des nudités d'âme, dites-le moi et je les livrerai au public, ne serait-ce que pour me donner le plaisir d'une sensation nouvelle. Si vous y voyez inconvenance et ridicule, dites-le-moi aussi franchement, et j'enfouirai vite sous clef toutes ces confidences perdues entre vous et moi.

« Toujours à vous.

« STE-BEUVE. »

Victor Hugo lut le livre, le vit en beau, selon sa coutume, et, sur-le-champ, écrivit à Sainte-Beuve :

Ce dimanche (minuit) [1829].

« J'ai trouvé en rentrant, cher ami, votre précieux cahier. Je viens de le lire et je vous écris ceci, non pas pour vous dire ce que cette lecture m'a fait éprouver, les paroles y suffiront à peine, mais pour jeter un peu sur le papier l'émotion dont vous m'avez pénétré avec vos vers graves et beaux, votre mâle, simple et mélancolique prose, et votre Joseph Delorme qui est vous. Cette histoire courte et austère, cette analyse d'une jeune vie, cette savante dissection qui met une âme à nu, tout cela est admirable et m'a presque fait pleurer. De quel beau livre vous allez doter l'art !

« Je tâcherai de vous aller voir demain.

« Votre frère,

« VICTOR. »

En janvier 1829 parurent *les Orientales*; en mars 1829 parut *Joseph Delorme*.

Quand Sainte-Beuve eut publié ce livre, il semble qu'il dut se sentir soulagé et comme renouvelé. Peut-être y avait-il enseveli à jamais ses amertumes, ses douleurs et ses tares ?...

I

« *LES CONSOLATIONS* »

Madame Victor Hugo n'avait eu jusqu'ici
qu'un rôle assez effacé dans cette amitié des
deux hommes : pas une poésie de « Joseph Delorme » ne lui est dédiée ; son nom n'est prononcé dans les lettres d'Angleterre que pour la
formule finale de politesse. La naissance et l'allaitement de son troisième enfant, François-
Victor, l'avaient absorbée elle-même tout entière. Rien de nouveau dans sa vie, pas même
l'adoration constante et fidèle de son mari.

Cependant, toujours attentive à ce qui se disait autour d'elle, elle poursuivait en silence
son travail intérieur ; sa pensée s'élargissait, ses
idées s'étendaient. Quant aux choses de sentiment, elle n'avait rien à en apprendre, même

des hommes supérieurs dont elle était entourée
et personne n'eût pu en remontrer là-dessus à
son doux et grand cœur. C'est elle, au contraire,
qui, sous ce rapport, pouvait exercer, et exerçait, à l'insu d'elle-même et des autres, sa charmante et bienfaisante influence, et les *Feuilles
d'Automne*, ce poème du foyer, lui redoivent
peut-être bien quelque chose.

Sainte-Beuve, auprès de Victor Hugo, avait
éclairé et raffermi son esprit; il savait à présent
ce qu'il voulait, il voyait où il allait; il avait
pénétré dans tous les sens tous les carrefours
de la pensée; sa vive et curieuse intelligence
était satisfaite : restait l'âme. Il croyait saisir
maintenant toute la beauté de l'art; ne demeu-
rait-il pas encore étranger à la beauté morale?
Où pouvait-il mieux la connaître qu'auprès de
Mme Victor Hugo?

L'année 1829, où nous sommes, fut pour Victor
Hugo l'une des plus remplies de sa laborieuse
carrière. Voilà qu'il était père de trois enfants,
il avait à pourvoir à cette chère couvée : le
théâtre seul pouvait lui donner ce qu'il fallait
pour cela; il avait résolu de faire du théâtre.
Sans quitter *Notre-Dame de Paris* commencée,

il avait écrit *Marion de Lorme* ; *Marion de Lorme*
arrêtée par la censure, il se mit à écrire *Hernani*.
Ce qui ne l'empêchait pas, entre temps, de com-
poser la plus grande partie des *Feuilles d'Automne*. Tout ce travail exigeait toutes ses heures.
Il n'en voyait pas moins à peu près chaque jour
son ami Sainte-Beuve ; il s'était fait une habitude
et comme un besoin de ces entretiens où chacun
d'eux aiguisait sa pensée. Mais, l'après-midi, il
sortait, il prenait l'air, il gagnait le jardin du
Luxembourg et il travaillait en marchant. Sainte-
Beuve, beaucoup moins occupé, restait avec
Madame Victor Hugo ou même revenait pour
elle, et c'est dans ces jours-là qu'après deux années où il n'avait cessé de la voir et de lui
parler, il fit sa connaissance.

Il sentit vite tout ce que l'intimité avec cet
être calme et pur lui faisait de bien, tout ce
qu'elle lui apportait d'apaisement et de sérénité.
Elle avait un si sûr instinct de ce qui est vrai,
de ce qui est bon, de ce qui est juste! Il avait
cru le savoir, mais il voyait qu'il n'en était rien,
ou du moins elle le lui rapprenait. Elle ramenait
cet esprit complexe à sa propre simplicité. S'il
se laissait aller à quelques-unes de ses anciennes

erreurs, elle le reprenait doucement, raisonnait, discutait, en appelait à quelque ami qui entrait.

Car ils n'étaient pas toujours seuls. Il y avait d'abord les enfants, Didine sérieuse, Charlot turbulent, distractions ravissantes; il y avait d'autres amis, très souvent Louis Boulanger, un vrai artiste, un fin lettré, un être excellent et qui avait, même avant Sainte-Beuve, un culte pour Mme Victor Hugo : son atelier était à deux pas, rue de l'Ouest, et il survenait, à toute minute, avec ou sans Robelin, bon enfant, bon vivant, spirituel et narquois, qui jetait dans leurs controverses sa gaîté de merle siffleur.

Mais Sainte-Beuve n'était vraiment heureux que lorsqu'ils causaient tête à tête. Ils pouvaient parler alors non seulement de choses hautes, mais de choses saintes. Élevée par un père dévot, Adèle n'était pas dévote, mais profondément religieuse. Ils parlaient donc de Dieu, de l'immortalité, de la destinée. Sainte-Beuve était maintenant tout plein de saint Augustin et des Pères de l'Église! De sceptique, cette âme caméléone était devenue mystique. On n'a d'ailleurs qu'à relire les *Consolations* : l'influence d'Adèle, les idées d'Adèle, y sont à toutes les pages, même à celles qui ne lui sont pas dédiées.

Quelques fragments des deux poésies qui portent son nom achèveront de dire ce que furent ces heures qui auraient dû rester à jamais sacrées.

Ah! que la vie est longue aux longs jours de l'été,
Et que le tems y pèse à mon cœur attristé!
Lorsque midi surtout a versé sa lumière,
Que ce n'est que chaleur et soleil et poussière;
Quand il n'est plus matin et que j'attends le soir,
Vers trois heures, souvent, j'aime à vous aller voir;
Et là, vous trouvant seule, ô mère et chaste épouse!
Et vos enfants au loin épars sur la pelouse,
Et votre époux absent et sorti pour rêver,
J'entre pourtant; et vous, belle, sans vous lever,
Me dites de m'asseoir, nous causons; je commence
A vous ouvrir mon cœur, ma nuit, mon vide immense,
Ma jeunesse déjà dévorée à moitié,
Et vous me répondez par des mots d'amitié;
Puis revenant à vous, vous si noble et si pure,
Vous que dès le berceau l'amoureuse nature
Dans ses secrets desseins avait formée exprès,
Plus fraîche que la vigne au bord d'un antre frais,
Douce comme un parfum et comme une harmonie;
Fleur qui deviez fleurir sous les pas du génie;
Nous parlons de vous-même, et du bonheur humain,
Comme une ombre, d'en haut, couvrant votre chemin,
De vos enfants bénis que la joie environne,
De l'époux votre orgueil, votre illustre couronne...

. . . .
Un nuage a passé sur notre amitié pure ;
Un mot dit en colère, une parole dure
A froissé votre cœur, et vous a fait penser
Qu'un jour mes sentiments se pourraient effacer ;
Pour la première fois, vous, prudente et si sage,
Vous avez cru prévoir, comme dans un présage,
Qu'avant mon lit de mort, mon amitié pour vous,
Oui, Madame, pour vous et votre illustre époux,
Amitié que je porte et si fière et si haute,
Pourrait un jour sécher et périr par ma faute.
Doute amer ! votre cœur l'a sans crainte abordé ;
Vous en avez souffert, mais vous l'avez gardé ;
Et tantôt, là-dessus, triste et d'un ton de blâme,
Vous avez dit ces mots, qui m'ont pénétré l'âme :
« En cette vie, hélas ! rien n'est constant et sûr ;
« Le ver se glisse au fruit dès que le fruit est mûr ;
« L'amitié se corrompt, tout est rêve et chimère ;
« On n'a pour vrais amis que son père et sa mère,
« Son mari, ses enfants, et Dieu par-dessus tous »...
. . . .

On voit que le nom et le souvenir de Victor
Hugo revenaient sans cesse dans la bouche des
deux causeurs. Ils se redisaient les raisons
qu'ils avaient l'un et l'autre de le remercier, de
l'aimer, de l'admirer. Si Victor Hugo leur avait
lu quelque poésie, quelque scène de *Marion*,
Sainte-Beuve la commentait, l'expliquait, en
faisait valoir les beautés. Lui, renfermé et plutôt

froid, il était devenu aussi cordial pour Victor
Hugo que Victor Hugo l'était pour lui ; vraiment
ils étaient comme deux frères.

Sainte-Beuve, qui s'est absenté pour quelques
jours, écrit au couple aimé :

A DEUX ABSENTS

Couple heureux et brillant, vous qui m'avez admis
Dès longtemps comme un hôte à vos foyers amis,
Qui m'avez laissé voir, en votre destinée
Triomphante, et d'éclat partout environnée,
Le cours intérieur de vos félicités,
Voici deux jours bientôt que je vous ai quittés ;
Deux jours que, seul, et l'âme en caprices ravie,
Loin de vous dans les bois j'essaie un peu la vie,
Et déjà sous ces bois et dans mon vert sentier
J'ai senti que mon cœur n'était pas tout entier,
J'ai senti que vers vous il revenait fidèle
Comme au pignon chéri revient une hirondelle,
Comme un esquif au bord qu'il a longtemps gardé ;
Et, timide, en secret, je me suis demandé
Si, durant ces deux jours, tandis qu'à vous je pense,
Vous auriez seulement remarqué mon absence.
. . . .
Êtres chers, objets purs de mon culte immortel,
Oh ! dussiez-vous de loin, si mon destin m'entraîne,
M'oublier, ou de près m'apercevoir à peine,
Ailleurs, ici, toujours, vous serez tout pour moi ;
— Couple heureux et brillant, je ne vis plus qu'en toi.

Saint-Maur, août 1829.

*
**

Au commencement d'octobre 1829, Robelin, appelé à Besançon par une affaire importante, proposa à Sainte-Beuve et à Boulanger de faire avec lui le voyage; on s'arrêterait à Dijon et on pourrait revenir par Strasbourg : on verrait la cathédrale de Strasbourg! La tentation était forte, ils y cédèrent.

Avant de quitter Paris, ils eurent une joie : Victor Hugo leur lut *Hernani*, et ils partirent tout pleins de l'enchantement du nouveau chef-d'œuvre.

De Dijon, Sainte-Beuve écrivit à Victor Hugo; de Besançon, il écrivit à Mme Victor Hugo, — et ses lettres continuent, il le dit lui-même, les *Consolations*; il proclame hautement, il est heureux de proclamer, tout ce qu'il doit à Victor Hugo :

«...Tout en montant ces longues côtes à pied, nous nous récitions par lambeaux *Galice, Estramadure, la vieille Catalogne, boire à l'eau du torrent, hérissant la sierra.* — Vous étiez toujours avec nous.

« Moi, surtout, mon cher Victor, j'avais bien
des raisons pour ne pas quitter un seul instant
votre souvenir ; car, si je vous l'ai dit en vers,
souffrez que je vous le marque ici en simple et
vraie prose, je ne vis plus que par vous. Le peu
de talent que j'ai m'est venu par votre exemple
et vos conseils déguisés en éloges : j'ai fait parce
que je vous ai vu faire, et que vous m'avez cru
capable de faire ; mais mon fond propre à moi
était si mince que mon talent vous est revenu
tout à fait et après une course peu longue,
comme le ruisseau au fleuve ou à la mer ; je ne
m'inspire plus qu'auprès de vous, de vous et de
ce qui vous entoure. Enfin ma vie domestique
n'est encore qu'en vous, et je ne suis heureux
et chez moi que sur votre canapé ou à votre
coin du feu.

« Aussi tout cela m'est revenu au fond de
cette voiture, dans mon bonnet de soie noire,
et je m'en suis nourri en silence. Cela me re-
monte un peu le moral et me rehausse à mes
yeux de penser que ma vie touche si fort à la
vôtre ; autrement j'aurais trop grand mépris de
moi, et de mon âme qui trempe dans l'eau
comme ces peupliers qu'abhorre Boulanger, et

qui ont grêle et blanc feuillage ployant à tous vents.

« Tout ceci est pour vous, mon cher Victor, et pour Madame Victor qui n'est pas séparée de vous dans mon esprit; dites-lui combien je la regrette et que je lui écrirai de Besançon, et tâchez, du sein de votre bonheur et de votre gloire, d'avoir quelques pensées pour nous. Travaillez à votre nouveau drame, mais surtout soignez votre santé; elle est à nous tous et à bien d'autres encore; arrêtez-vous dès que les entrailles vous le disent. Je travaillerai probablement très peu, et peut-être pas du tout; je n'ai rien dans l'esprit et dans l'âme que de vous aimer. »

La lettre à Mme Victor Hugo donne le ton habituel de leurs entretiens et montre de quel respect affectueux et tendre il l'entourait :

Besançon. 16 octobre 1829.

« Madame.

« Vous avez bien voulu me permettre de vous écrire et c'est une des plus grandes joies de notre voyage... Nous parlons à chaque instant de vous, de notre cher Victor, dont nous nous renvoyons à tout bout de champ des vers et dont nous regrettons bien de ne pas avoir emporté les œuvres. Nous aurions besoin, pour nous rafraîchir l'âme, de votre conversation calme, reposée, si sensée et si bonne.

« A quoi en est *Othello ?* Est-ce joué ? Je n'ai pas lu un seul journal depuis huit jours ! Et la pièce de Victor, *Hernani ?* et la nouvelle ? Qu'il nous tarde de savoir des nouvelles de tout cela ! Et vous, madame, êtes-vous toujours une maman bien sévère ? Tenez-vous toujours à cette discipline d'il y a quinze jours ? Dites-vous toujours, avec cet air qui n'est qu'à vous, que ce que vous en faites n'est point par conviction, mais parce qu'il vous a pris un grand goût d'être à l'aise et que maintenant vous vous aimez ? Mais, je vous en prie, égoïsme ou conviction, continuez encore quelque temps cette discipline de *douceur austère* pour laquelle vous m'en avez tant voulu, et votre Didine sera la plus sage des enfants comme elle en est la plus jolie et la plus fine. J'espère que Charlot et Victor prospèrent toujours.

« En vérité, madame, quelle folle idée ai-je

donc eue de quitter ainsi sans but votre foyer
hospitalier, la parole féconde et encourageante
de Victor, et mes deux visites par jour dont une
était pour vous? Je suis toujours inquiet, parce
que je suis vide, que je n'ai pas de but, de cons-
tance, d'œuvre; ma vie est à tout vent, et je
cherche, comme un enfant, hors de moi, ce qui
ne peut sortir que de moi-même. Il n'y a plus
qu'un point fixe et solide auquel, dans mes
fous ennuis et mes divagations continuelles, je
me rattache toujours : c'est vous, c'est Victor,
c'est votre ménage et votre maison.

« Non, madame, depuis que j'ai quitté Paris je
n'ai pas pensé une seule fois ni à Mlle Cécile,
ni à Mlle Nini, ni à personne qu'à ma mère, et
assez tristement pour plusieurs raisons, et à
vous comme consolation pleine de charme et de
bonnes pensées. Pourquoi donc vous quitter et
m'en venir dans une auberge de Besançon, sans
savoir si j'irai plus loin? et quand? Je me suis
déjà fait souvent cette question, nous nous la
sommes faite, nous deux Boulanger, et nous
n'avons jamais pu nous répondre autre chose,
sinon que nous étions bien fous, que nous pen-
sions sans cesse à vous, que nous y penserions

jusqu'au bout du voyage, et que nous vous re-
verrions le plus tôt possible avec bonheur.

. . . .

« Embrassez Victor de ma part, et dans votre
cœur si rempli d'épouse, de fille et de mère,
trouvez place à une pensée par jour pour votre
sincère et respectueux ami.

« Ste-BEUVE. »

Sainte-Beuve était revenu à la mi-novembre,
et la bonne intimité reprit, mieux sentie encore
après la séparation. Le 1er janvier, il apporta
aux enfants des jouets et lut à ses deux amis la
Préface des *Consolations*. Il était pleinement
heureux ; dans ce livre tout plein d'eux, il y avait
la plus paisible, la plus douce, la plus pure
année de sa vie.

On but à la victoire d'*Hernani* : Sainte-Beuve
se promettait d'en rendre compte dans la *Revue
de Paris*. Tout était à l'espoir et à la joie.

.˙.

Cependant, les répétitions d'*Hernani* com-
mencèrent, et tous les incidents de coulisse,

les résistances, les bouderies, les jalousies, les impertinences des acteurs, Mlle Mars en tête, furent désormais, avec les impatiences du poëte, l'unique sujet des conversations, la préoccupation unique, dans la maison de Victor Hugo. Mais ce fut bien autre chose aux approches de la première représentation.

Hernani promettait d'être la bataille qu'il a été : il fallait se préparer à la bataille. Alors, le paisible logis de la rue Notre-Dame-des-Champs s'emplit de tumulte et de bruit. Il y avait à distribuer les billets, à marquer les places, à inscrire les combattants. Sainte-Beuve arrivait, inquiet, à son heure accoutumée; il trouvait Madame Victor Hugo entourée de trois ou quatre jeunes gens, penchée sur un plan de la salle. Elle lui disait : « Ah! vous voilà, Sainte-Beuve; bonjour, asseyez-vous; nous sommes dans le coup de feu, vous voyez. » Il restait dans un coin, quelque temps, et se retirait désolé. Il n'entendait rien, lui, à toute cette manœuvre du théâtre, et il se sentait inutile et presque importun. Il n'y avait d'attentions, de remercîments et de bonnes paroles que pour ces jeunes et vaillants soldats du combat de demain. Théophile

Gautier, actif, ardent, beau à vingt ans comme une médaille antique, allait, venait, revenait, formait des groupes, enrôlait des recrues. Si Sainte-Beuve avait saisi un quart d'heure de solitude avec Mme Victor Hugo, Gautier, radieux, secouant sa longue chevelure, entrait triomphalement : « Grande nouvelle! nous aurons l'atelier de Charlet! l'atelier de Charlet viendra travailler! — Ah! vraiment? Contez-nous donc ça. » Et Sainte-Beuve s'esquivait, navré.

Et voilà la lettre amère, irritée, plaintive, violente, souffrante, écrite en lignes inégales, d'une écriture rapide et comme saccadée, que, cinq ou six jours avant la première représentation, Sainte-Beuve fit porter à Victor Hugo :

Février 1830.

« Mon cher ami, vous avez lu ce matin la lettre de Véron. Eh bien! je viens de lui répondre que je ne ferai pas l'article « Hernani » dans la *Revue*, ni rien désormais. Vous n'en pouvez croire vos yeux, mais cela est bien vrai; — pour raison, je pourrais bien vous dire que ce sont de malhonnêtes gens qui nous veulent pour dupes, et qu'on se doit à soi-même de ne pas jouer entre leurs doigts comme des marionnettes; voilà la seconde fois que j'écris à Véron que je ne mettrai plus un mot dans la *Revue*. Et ce serait trop de plaisir pour lui de me reprendre deux fois au même leurre. Mais il ne s'agit pas ici de cela; et pour vous, mon cher ami, je consentirais à tout, même au ridicule. Mais je vous dirai la vraie raison : il m'est impossible de faire, dans ce moment-ci, un article sur *Hernani* qui ne soit détestable de forme comme de fond. Je suis blasé sur *Hernani*. Je ne sais plus qu'une chose : c'est que c'est une œuvre admirable; pourquoi? comment? je ne m'en rends plus compte.

« Quant au reste de la question, celle du public, celle de l'art, je vois tout en noir, aussi noir que possible. Je crois qu'il n'y a pas à espérer de faire adorer l'art en place publique et que c'est s'exposer à des avanies. Votre affaire personnelle (et c'est ce qui me console un peu) est sauve, après tout. Cette lutte que vous entamez, quelle qu'en soit l'issue, vous assure une gloire immense. C'est comme Napoléon. Mais ne tentez-vous pas, comme Napoléon, une œuvre impossible ? En vérité, à voir ce qui arrive de-

puis quelque temps, votre vie à jamais en proie
à tous, votre loisir perdu, les redoublements de
la haine, les vieilles et nobles amitiés qui s'en
vont, les sots et les fous qui les remplacent, à
voir vos rides et vos nuages au front qui ne
viennent pas seulement du travail des grandes
pensées, je ne puis que m'affliger, regretter le
passé, vous saluer du geste et m'aller cacher je
ne sais où; Bonaparte consul m'était bien plus
sympathique que Napoléon empereur.

« Il m'est impossible, maintenant, de penser
cinq minutes à *Hernani* sans que toutes ces
tristes idées ne s'élèvent en foule dans mon
esprit; sans penser à cette voie de luttes et de
concessions éternelles où vous vous engagez, à
votre chasteté lyrique compromise, à la tac-
tique obligée qui va présider à toutes vos dé-
marches, aux sales gens que vous devrez voir,
auxquels il vous faudra serrer la main. Je ne
vous dis pas tout ceci pour vous détourner,
car les esprits comme les vôtres sont inébran-
lables, doivent l'être; car ils ont leur vocation
marquée. Je ne vous le dis que pour moi, pour
vous expliquer mon silence, non interprété, et
mon inutilité. Le seul article que je puisse faire

sur *Hernani*, c'est mon livre des *Consolations*, qui paraîtra dans quatre ou cinq jours ; acceptez-le comme expiation, comme excuse de ce que je vous refuse aujourd'hui.

« Cette comparaison de Napoléon me revient ; oui, je crois que, comme lui, vous tentez une entreprise impossible, en ce sens que toute l'Europe était en lui et que tout l'art (dramatique) sera en vous. Vous aurez *Austerlitz, Iéna.* Peut-être même qu'*Hernani* est déjà *Austerlitz;* mais quand vous serez à bout, l'art retombera ; votre héritage sera vacant et vous n'aurez été qu'un grand et sublime épisode qui aura surtout étonné les contemporains. Napoléon devait venir du temps de Mahomet; vous deviez venir au temps du Dante. Entre des facultés aussi gigantesques et un temps comme le nôtre, il n'y a pas harmonie.

« Déchirez, oubliez tout ceci. Que cette lettre ne soit pas un souci de plus dans vos soucis sans nombre. Mais j'avais besoin de vous l'écrire, puisqu'on ne peut plus vous parler seul à seul et que votre foyer est comme dévasté.

« Votre inviolable et triste

« SAINTE-BEUVE.

« Et madame ? Et celle dont le nom ne devrait retentir sur votre lyre que quand on écouterait vos chants à genoux ; celle-là même exposée aux yeux profanes tout le jour, distribuant des billets à plus de quatre-vingts jeunes gens à peine connus d'hier ; cette familiarité chaste et charmante, véritable prix de l'amitié, à jamais déflorée par la cohue ; le mot de dévouement prostitué, l'utile apprécié avant tout, les combinaisons matérielles l'emportant !!! »

Le post-scriptum est écrit en travers, à la marge de la dernière page, d'une main fiévreuse et furieuse.

La lettre partie sans qu'il l'eût relue, Sainte-Beuve, s'il repensa à ce post-scriptum, s'interrogea sans doute lui-même, interrogea sa douleur et sa jalousie, et put se répondre : « Ce que j'ai pris pour de l'amitié, est-ce que ce serait de l'amour ? »

IV

C'était bien de l'amour! — Et cette découverte, à coup sûr, jeta Sainte-Beuve dans un trouble profond. Cette amie douce et sage, en qui naguère il avait trouvé sa consolatrice et sa conseillère, s'il l'aimait d'amour, est-ce que leurs relations n'en seraient pas du tout au tout changées? est-ce qu'il ne la verrait pas avec d'autres yeux? est-ce que ce charme apaisant n'aurait pas désormais un tout autre caractère et ne deviendrait pas un danger? La bienheureuse année qui venait de s'écouler, est-ce qu'elle se renouvellerait pour lui?

Toutes ces questions, il se les posait sans doute avec une mortelle inquiétude. Oui, dans l'état d'esprit où il se complaisait alors, tout pénétré des idées morales, devoir, abnégation, vertu, si récemment échangées, nous croyons qu'en reconnaissant l'attrait et le péril jusque-là ignorés il n'éprouva qu'un sentiment de peine et d'angoisse; nous croyons qu'il était maintenant une conscience, qu'il était digne de souffrir.

Ce ne sont pas là des conjectures de fantaisie. Tant qu'on n'avait dans les mains que les lettres de Victor Hugo, on n'avait conclu, en effet, qu'à des hypothèses, peut-être trompeuses et qui parfois réellement le furent. Mais les lettres de Sainte-Beuve, éclairant et complétant celles de Victor Hugo, jettent un jour nouveau non seulement sur les faits, mais sur les âmes. On a désormais les moyens d'arriver à la vérité. Si l'on n'a pas la route, on en a, de chaque côté, les jalons, ces deux séries de lettres, qui permettent de ne plus s'égarer. Ajoutez à cela les actes et les ouvrages des deux amis. Avec tous ces éléments, il va être possible de reconstituer les phases et les crises successives de cette douloureuse histoire.

Après la lettre de fièvre écrite à la veille

d'*Hernani*, nous rencontrerons une lacune de trois grands mois dans la double correspondance. Or, c'est précisément durant cette période que vont se transformer les relations et les sentiments des trois intéressés et que se préparera la première péripétie de leur drame secret. Il nous a semblé cependant qu'en rappelant des faits notoires et en les illuminant, pour ainsi dire, par le reflet des lettres ultérieures, on pouvait, sous les yeux et le contrôle du lecteur, instituer une sorte d'enquête morale, dont les témoignages écrits, venant à leur date, seraient ensuite les pièces justificatives.

.·.

Les événements qui suivirent la première représentation d'*Hernani* n'étaient pas faits pour calmer les inquiétudes et les tourments de Sainte-Beuve. Il y avait eu d'abord la représentation même : il y assistait, et il contribua pour sa part à la victoire en faisant vaillamment son devoir de combattant et d'ami; mais on peut deviner, sans trop lui en vouloir, que le cœur n'y était pas. Le rideau baissé, il ne fut pas encore au bout de ses peines.

On sait ce que furent, de la première à la dernière, ces tumultueuses soirées. Le camp romantique et le camp classique ne posaient jamais les armes, et la bataille, gagnée tour à tour par l'un ou par l'autre parti, était à recommencer le lendemain. Le résultat de cette lutte perpétuée était de faire des salles combles, et l'administration du théâtre avait soin de réserver chaque jour à l'auteur un certain nombre de places pour qu'il pût y envoyer ses champions. La distribution des billets et le va-et-vient des « Hernanistes » continuaient donc rue Notre-Dame-des-Champs. De plus, il était impossible que, dans la maison du poète, l'entretien principal, la pensée dominante, ne fût pas cet *Hernani* dont tout Paris s'occupait. « Comment s'est passée la soirée d'hier? » C'était forcément, le lendemain de chaque représentation, la grande question, le grave intérêt.

L'intérêt était double : il y avait celui du poète et celui du père de famille. Le succès d'argent était venu à point pour le jeune ménage et pour la jeune ménagère. Le jour de la « première »,

Victor Hugo n'avait que cinquante francs dans son tiroir. La vente du manuscrit et les recettes quotidiennes y apportaient des billets de mille francs qui n'avaient pas l'habitude de s'y amonceler.

C'était là une petite fortune qui, encore une fois, tombait à merveille : Madame Victor Hugo était de nouveau enceinte, et l'appartement de la rue Notre-Dame-des-Champs, où l'on s'était installé avec un seul enfant, devenait étroit pour quatre. D'ailleurs la propriétaire, aussi hostile que Sainte-Beuve au tumulte qui s'était fait autour d'*Hernani*, avait donné congé à ses locataires. Victor Hugo se mit en quête et découvrit un appartement rue Jean-Goujon, dans les Champs-Élysées, alors déserts, mais où l'on commençait à bâtir. L'appartement était vacant, Victor Hugo allait écrire *Notre-Dame de Paris*, qu'il serait bon de ne pas interrompre ; il décida que, sans attendre la fin de son bail, il emménagerait à la fin d'avril ou au commencement de mai.

On devine avec quel chagrin croissant Sainte-Beuve assistait à tous ces incidents et apprenait cette résolution. Il devenait comme étranger à la vie de son grand ami, à la vie de celle qu'il sentait maintenant être pour lui plus qu'une amie. Et la séparation allait encore empirer par la distance ; il allait rester sans eux, seul dans son quartier lointain, et il ne pouvait, cette fois, songer à les rejoindre !

La publication de son volume, *les Consolations*, au mois de mars, fit quelque diversion à ses graves soucis. A vrai dire, il ne dut pas revoir sans mélancolie ces pages toutes remplies de ceux qui s'éloignaient, au moment où il les eût voulus plus voisins et plus présents que jamais. Qu'avait-il pourtant à leur reprocher ? Tous deux, ils l'accueillaient avec la même joie : il n'était pas un frère moins cordial, elle n'était pas une sœur moins tendre. Ne lui avait-on pas dit tout de suite qu'il serait le parrain de l'enfant à naître ?

C'est lui seul, Sainte-Beuve, qui était changé. Son secret lui pesait et le faisait différent de lui-même ; il n'avait plus la vivacité, l'enjoue-

ment, la franchise, la liberté d'esprit, les effusions d'autrefois ; dans la maison, il n'était plus
chez lui ; lui qu'on y voyait tous les jours et plutôt deux fois qu'une, il manquait assez souvent
de venir ; ses visites, jadis si régulières, n'étaient
plus qu'intermittentes. C'est par là sans doute
qu'il se trahit. Ses amis s'étonnèrent d'abord,
puis s'inquiétèrent. Victor Hugo l'interrogea
avec sollicitude ; il répondit évasivement, donna
des raisons, des prétextes.

Un jour enfin, pressé de questions par son
ami, il avoua sa détresse : brusquement, il
s'était aperçu qu'il n'avait pu voir impunément
la grâce de Madame Victor Hugo ; à son insu,
il en avait été ému autrement qu'il ne fallait ; ce
ne serait rien, cela passerait, mais pour le présent il valait mieux qu'il cessât de venir aussi
fréquemment, afin de ne pas entretenir sa blessure.

Victor Hugo ne reçut pas cette confidence
imprévue sans ressentir le coup qui l'atteignait
à la fois dans son amitié et dans son amour ;
mais, s'il était tel dans ce temps-là que ses amis
plus récents l'ont connu toute sa vie, sa nature
robuste et saine dut aussitôt réagir et se redres-

ser. Sa façon de traiter le mal était de n'y pas
croire : il ne l'admettait pas; il le fallait traiter
par l'indifférence! C'est la faculté d'oubli des
êtres supérieurs, qui ont besoin de poursuivre
en paix ce qu'ils ont à faire en ce monde : ils ne
veulent pas penser à leur mal, et ils n'y pensent
pas. Mais le mal, au fond d'eux, selon toute
probabilité, demeure, assoupi.

Victor Hugo répondit à Sainte-Beuve : « Vous
vous trompez, mon ami, vous rêvez; ce que
vous dites là est impossible, et ce n'est pas. Ne
changez rien à vos habitudes; venez comme par
le passé, venez deux fois par jour... »

Mais Sainte-Beuve, lui, était loin d'avoir cette
énergie; il était de ceux qui, comme on dit,
« s'écoutent » : il sentait sa souffrance et se
laissait souffrir.

Madame Victor Hugo n'était pas obligée non
plus d'être aussi forte que son mari et fut assurément troublée quand elle fut avertie. — Avertie,
comment, par qui le fut-elle? par elle-même, sans
doute, par son instinct de femme; ou, qui sait?
par son mari, près de qui elle se serait alarmée
des absences et des inégalités de Sainte-Beuve...
« Ah! ce pauvre Sainte-Beuve! tu ne sais pas.

il s'imagine qu'il est amoureux de toi! il est
fou!... » Stupéfaite, effrayée, consternée, elle
dut n'en laisser rien paraître à Sainte-Beuve;
mais elle le réprimanda doucement, se plaignit
de ses façons nouvelles, essaya de le ramener
dans les termes de l'ancienne intimité. On
va voir ce qu'il répliquait, s'accusant, s'excusant,
inquiet et embarrassé comme un coupable.
Entre ces trois êtres si unis, si aimants, si heureux, si paisibles, il y avait maintenant un point
noir, un principe de discorde, de lutte et de
douleur.

.·.

Quand il vit arriver le moment où le couple
aimé allait décidément quitter son voisinage,
Sainte-Beuve ne put tenir à Paris; l'idée de se
trouver brusquement seul lui fut insupportable :
il courut se réfugier à Rouen chez leur ami
commun, le poète Ulric Guttinguer.

Il avait demandé à Madame Victor Hugo la
permission de lui écrire, comme il avait fait
l'année précédente, lors de son voyage en Alle-
magne; mais il commença par Victor Hugo :

Rouen, ce vendredi 7 mai 1830 [1].

« Mon cher Victor, je sens le besoin de vous écrire, quoique je n'aie à vous faire aucune description pareille à celles de notre dernier voyage. Nous parlons beaucoup de vous, de madame Hugo ; nous nous récitons de vos vers, Guttinguer et moi. J'espère que vous êtes installé et bien près de recommencer quelque nouveau chef-d'œuvre. Madame Hugo est-elle contente ? Est-elle bien fatiguée ? Qu'a-t-elle fait de ses enfants dans ces jours de grand embarras ? Voilà ce que je me suis demandé souvent. Nous nous disions : c'est aujourd'hui le grand déménagement, aujourd'hui Victor découche, où dinera-t-il ? Où passera-t-il sa journée ?

« Vous êtes tout pour moi, mon cher ami ; je n'ai compté que depuis que je vous ai connu, et quand je m'éloigne de vous, ma flamme s'éteint. Elle est bien morte, je n'ai rien fait, ni pensé à rien faire depuis mon départ. Je vis, assez heureux, content de me voir chez notre bon ami,

1. La lettre est adressée à « Monsieur Victor Hugo, 9, rue Jean Goujon, quartier de François Ier, Paris ».

mais sans but et sans passé — cela durera encore un certain nombre de jours, j'oublie,

> L'oubli seul désormais est ma félicité.

« Vous le dirai-je et à madame Hugo? je crains que, dans tous ces tracas, vous pensiez peu à moi; le peu que vous en ferez, j'en serai bien reconnaissant. Dites-lui, à madame Hugo, que j'ai d'elle aussi et de ses bontés pour moi un souvenir bien profond; c'est par elle et vous que je suis revenu à croire au bien moral.

« Embrassez bien Victor, Charlot pour moi; mes compliments à mademoiselle Didine.

« Adieu, mon cher Victor, mes profonds respects à madame Hugo.

« SAINTE-BEUVE. »

Cette lettre à Victor Hugo, triste, mais assez calme, fut suivie d'une autre, qui nous manque, mais qui ne devait pas différer beaucoup de la première.

La lettre à Mme Victor Hugo est autrement expressive :

Honfleur, ce jeudi 13 [mai 1830].

« Madame,

« Vous avez été assez bonne pour me permettre de vous écrire ce voyage-ci comme l'autre, et si j'ai un peu tardé à profiter de la permission, ce n'est pas faute de penser à vous, de causer de vous tous les jours avec Guttinguer ou avec moi-même, de regretter votre vue et vos chers entretiens. Je voudrais bien que vous fussiez contente et commodément installée aux Champs-Élysées, et savoir comment votre vie nouvelle y est ordonnée ; que fait Victor ? que font vos enfants ? Ne regrettez-vous rien de votre ancien quartier ? Pensez-vous quelquefois à ceux qui ne vous voient plus aussi souvent, et à ceux qui, depuis quinze jours, ne vous voient plus du tout ? Je me pose ces questions un peu timidement ; je voudrais que vous eussiez quelques regrets et qu'il vous parût que quelque chose vous manque.

« C'est bien égoïste, n'est-ce pas ? mais vous me le pardonnerez ; je doute tant, non pas de mon amitié pour vous, non pas de votre bonté pour moi, mais de mon utilité, de ma valeur auprès de vous; j'ai été si nul, si coupable dans tous ces derniers temps, si sottement irrégulier et fantasque, si préoccupé de moi-même en votre présence, que je conçois que j'ai dû bien perdre dans votre esprit; blâmez-moi, accusez-en mon caractère, ma tête, mon peu de puissance à vouloir et à faire; mais, je vous en prie, ne croyez à aucune froideur, à aucun éloignement de mon affection; bien au contraire, elle s'est encore accrue, s'il était possible; elle ne peut jamais diminuer. Quand je ne vous verrais plus, quand je serais jeté pour toujours à des centaines de lieues de vous sans même vous écrire, je n'en serais pas moins le même pour vous par le cœur, et votre pensée ne serait pas moins mon consolant recours, mon bon génie, ma meilleure action.

Je vous demande pardon, madame, de m'exprimer avec cette sincérité d'épanchement; mais quand le ferais-je, sinon maintenant qu'une nouvelle vie commence pour vous, et que je souffre en pensant qu'il se pourrait que je n'y obtinsse pas la même place que dans la précédente? Victor, qui n'est qu'un avec vous, me le pardonnera aussi, j'ai une amitié inquiète et superstitieuse, il faut y savoir compatir....

« Je ne travaille pas, je me porte bien; je rêve d'une tristesse assez douce, je cherche à calmer mes mauvaises passions, à régler mes désirs, mes pensées; et je pense souvent à vous, madame, à Victor, à vos heureux enfants que je baise d'intention.

« Adieu, et recevez mon éternelle et respectueuse amitié.

« Sainte-Beuve. »

**

Le 16 mai, Victor Hugo répondait aux deux lettres de Sainte-Beuve. Sa lettre, à lui, généreuse, bonne et tendre, n'a qu'une pensée, — apaiser et raffermir le mieux possible la pauvre âme souffrante :

« ... Si vous saviez combien vous nous avez manqué dans ces derniers temps! Combien il y a eu de vide et de tristesse pour nous, même en famille comme nous vivons, même au milieu de nos enfants, à emménager ainsi sans vous dans cette déserte ville de François Ier! Comme, à chaque instant, vos conseils, votre concours, vos soins nous manquaient, et, le soir, votre conversation, et toujours votre amitié! C'est fini. L'habitude est prise dans le cœur. Vous n'aurez plus désormais, j'espère, la mauvaise volonté de nous quitter, de nous déserter ainsi.

« Du reste, nous sommes matériellement bien ici, parfaitement même. Beaucoup de solitude, plus de *Hernanistes*, tout serait bien, n'était cette chaise vide, qui fait vide pour nous tout le reste de la maison...

« Adieu, mon ami, nous vous embrassons tous et je vous embrasse pour tous. Mais revenez bien vite.

« VICTOR. »

« Plus de *Hernanistes!* » Il dut sembler à Sainte-Beuve que la disparition de ses ennemis allait lui rendre ses amis. Il quitta Guttinguer et revint à sa rue Notre-Dame-des-Champs.

Mais il ne s'était pas trompé lorsque, fuyant Paris, il redoutait si fort la morne solitude de son logis de célibataire. Il la retrouva plus

froide et plus désolée encore qu'il ne l'avait
imaginée. Ils n'étaient plus là, ses chers voisins!
il ne les avait plus porte à porte, cœur à cœur!
Souvenir amer et doux : naguère il arrivait sans
avertir, il entrait sans frapper, il s'asseyait, on
causait, c'était charmant!... Sans doute ils habi-
taient la même ville, ils étaient là, tout près...
Tout près, mais si loin! Il ne voisinait plus, il
faisait des visites. Il fallait s'habiller, passer les
ponts, monter deux étages; et, d'abord, parler
au concierge... Une fois, ce concierge lui dit que
ses amis n'y étaient pas, et ils y étaient! Victor
Hugo lui écrivit le jour même :

« Nous y étions, cher ami! Jugez du chagrin!
— Nous avons des portiers stupides. Ne les
écoutez jamais et montez toujours. — A dimanche, n'est-ce pas? bien sûr. Vous devriez
venir dîner avec nous. »

Oui, on lui donnait un autre rendez-vous! on
en était à se donner des rendez-vous, maintenant!

Qu'on lise les deux lettres suivantes; on y
sentira l'amertume et l'affliction de ce faible et
malheureux cœur désemparé. Ce qu'on y sentira

encore, c'est une âcre et cruelle jalousie, une jalousie maladive, une double jalousie d'un caractère étrange. — jalousie pour la femme, jalousie pour l'ami, — la torture d'une idée fixe : « Ils ne pensent plus à moi ! ils ne m'aiment plus ! ils m'oublient !... » Sainte-Beuve est encore, à ce moment-là, bon et tendre, sans égoïsme et sans vanité. Il suppose, il espère, que ses amis sont aussi jaloux de lui, qu'ils souffriraient d'être délaissés par lui ; et il les rassure, il leur jure que rien ni personne ne les remplacera jamais dans son cœur.

Ce lundi matin [31 mai 1830].

« Mon cher Victor, je veux vous écrire, car hier nous étions si tristes, si froids, nous nous sommes si mal quittés que tout cela m'a fait bien du mal ; j'en ai souffert tout le soir en revenant, et la nuit ; je me suis dit qu'il m'était impossible de vous voir souvent à ce prix, puisque je ne pouvais vous voir toujours. Qu'avons-nous en effet à nous dire, à nous raconter ? Rien, puisque nous ne pouvons tout mettre en commun comme avant. Je m'aperçois que je ne vous ai pas

demandé instamment vos vers à moi; mais que
m'importent vos vers, ceux-là, plutôt que d'autres? c'est tous que je voudrais; c'est vous,
c'est madame Victor, à toute heure et sans
fin.

« Cela doit vous attrister aussi, je pense; pourtant, vous, vous avez tout ce qui console et ce
qui est réel, votre femme, vos enfants. Songez
bien que moi, je suis celui qui souffrirai le plus,
moi qui n'ai rien, pas un être au monde; que
vais-je devenir? Croyez donc bien que si je ne
vais pas là-bas, je ne vous en aimerai pas moins,
vous et madame, qu'auparavant. Il y a dans mon
amitié pour vous autre chose que de l'habitude :
croyez-le, et n'allez pas imaginer qu'il entre
dans ma nouvelle conduite la moindre diminution d'amitié.

« Il n'y a pas eu cette fois de nuage dans notre
amitié pure, rien, pas une tache, pas un point
noir au ciel; c'est le tonnerre qui est tombé sur
moi par un temps serein; plaignez-moi, mais il
n'y a pas de ma faute.

« Croyez (car la vraie amitié est jalouse aussi)
croyez que je ne verrai personne désormais
comme je vous ai vus autrefois, qu'absents,

aucune liaison ne vous remplacera, et que, seul, je ne penserai, jour et nuit, qu'à vous.

« A un de ces jours.

« SAINTE-BEUVE. »

Ce lundi soir [6 juillet 1840].

« Mon cher Victor, je suis persuadé que vous croyez que je vous aime moins, qu'autre chose vous remplace en moi; c'est une superstition de ma part, vous n'avez peut-être pas cette idée, mais vous me pardonnerez de m'en inquiéter. Non, mon cher ami, rien n'a changé ni ne changera en moi, quoique je vous voie moins que jamais. Si vous saviez ce que je sens quand je vous vois, quand je reviens de chez vous et que je retombe à ma morte solitude! Rien, personne, pas un être, et des souvenirs déchirants de cette intimité, que je n'ai ni n'aurai plus.

« Les jours, les soirs où je ne suis pas trop fatal et farouche, je me traîne à deux ou trois visites pour tuer une soirée; le plus souvent, incapable de travail et de toute conversation, autour de mon Luxembourg, craignant de rencontrer un visage ami, faisant vingt projets d'allées et de venues, allant jusqu'à la porte de Lacroix ou de Magnin, et m'en revenant sans avoir la force d'entrer.

« Chez vous, je ne puis aller; cela me fait trop de mal, et j'en ai pour un jour à me remettre avant de pouvoir écrire une ligne. Puis je me figure ce que vous devez penser et madame Hugo : — « Qui l'aurait dit! » et que vous accusez mon indifférence en vous arrêtant à vingt motifs faux; ou, ce qui est plus douloureux encore à penser, que vous n'y pensez guère et que vous finissez par ne plus vous soucier de cette absence obstinée.

« Oh! ne me blâmez pas, mon cher ami; gardez-moi, vous au moins, un souvenir, un, entier, aussi vif que jamais, impérissable, sur lequel je compte dans mon amertume. J'ai d'affreuses, de mauvaises pensées, des haines, des jalousies, de la misanthropie; je ne puis plus pleurer; j'analyse tout avec perfidie et une secrète aigreur. Quand on est ainsi, il faut se cacher, tâcher de s'apaiser; laisser déposer son fiel, sans trop remuer le vase; s'accuser devant soi-même, devant un ami comme vous, ainsi que je le fais en ce moment.

« Ne me répondez pas, mon ami, ne m'invitez pas à aller vous voir; je ne pourrais. Dites à madame Hugo qu'elle me plaigne et prie pour moi. — Mais surtout, n'est-ce pas? croyez-moi le même, tout changé que je suis; croyez, par miracle d'amitié, à ma présence dans tout ce qui vous est cher; et ne me laissez pas mourir dans votre cœur. — Excusez toutes ces contradictions, sentez-les avec votre âme la plus tendre, et qu'il n'en soit pas question entre nous.

« Adieu, à toujours.

« SAINTE-BEUVE. »

.

Dans les premiers jours de juillet, Sainte-Beuve, excédé de souffrance, s'enfuit encore une fois de Paris et retourna chez Ulric Guttinguer.

La Révolution de Juillet éclata, bouleversant bien des existences, agitant toutes les pensées; pendant des semaines, la vie publique absorba tout et sembla tout suspendre. Cela n'avait pas

empêché la petite Adèle de venir au monde, le
25 juillet, au bruit des premières fusillades;
cela n'empêcha pas Mme Victor Hugo d'allaiter
son quatrième nourrisson, — et cela n'empêchait pas Victor Hugo d'avoir avec un éditeur,
pour *Notre-Dame de Paris*, des engagements
qu'il fallait tenir sous peine de ruine. Il s'en-
ferma dans son cabinet le 1er septembre, se
condamnant à n'en pas sortir qu'il n'eût fini, et
il se mit à l'œuvre.

Sainte-Beuve, revenu de Normandie, paraît
s'être peu montré, dans tous ces jours-là, rue
Jean-Goujon. Il écrit, le 14 septembre, à
Mme Victor Hugo :

Ce mardi [14 septembre 1830].

« Madame, je ne vous vois pas, ni Victor. J'ai
si peu de temps, je suis si plein de mes maudites
affaires, si peu digne de votre bonne et paisible
conversation à l'amiable comme autrefois! Aussitôt entré, il faudrait que je sortisse.

« Allez, croyez-le bien, malgré toute cette
occupation apparente, et cette distraction qui
ressemble à de l'activité, j'ai le vide et la mort

au cœur. Mais, je vous en conjure, croyez que votre pensée y est toujours, et n'imaginez pas que je vous oublie, ni cette si longue et si douce amitié. Hélas! où est ce temps pour moi? Le matin, quand je m'éveille, j'y pense avec larmes comme en ce moment; puis viennent Leroux, les affaires, les colères, la politique et l'étourdissement. Mais sachez au moins que j'y pense, et ne me chassez pas tout à fait, vous et Victor, de la place que j'occupais en vous.

« Adieu, madame.

« SAINTE-BEUVE. »

On dut répondre à Sainte-Beuve par une lettre amicale, lui reprochant ses absences et lui rappelant qu'il avait promis d'être le parrain de la petite Adèle. Il se rendit aussitôt à l'appel, et il tenait l'enfant sur les fonts baptismaux le dimanche 19 septembre. Puis, de nouveau, il laissa de longs espaces entre ses visites; il cessa tout à fait d'écrire.

* *

Au commencement de novembre, il publia

une seconde édition de *Joseph Delorme* et en
rendit compte lui-même dans *le Globe* comme
s'il étudiait l'ouvrage d'un autre. Il parlait de
son ancien moi, non sans sévérité, et finissait
en doutant que, si Joseph Delorme eût survécu,
— comme il survivait, lui, Sainte-Beuve, — le
malheureux eût été capable de se relever. Voici
comment se terminait l'article :

« Ce Joseph, qui se consumait ainsi sans foi,
sans croyances, sans action, cet individu malade
qui suivait son petit sentier loin de la société et
des hommes, avait commencé vers la fin de sa
vie à renaître à une sympathie plus bienveillante
et à chercher les regards consolants de quelques
amis poètes; c'est ce qu'il fit de mieux et de
plus profitable pour lui; son cœur se dilata à
leur côté; son talent s'échauffa aux rayons du
leur, et il dut à l'un d'eux surtout, au plus grand,
au plus cher, le peu qu'il nous a laissé...

« Par malheur, l'association romantique,
formulée par la Restauration, était trop restreinte
elle-même, trop artificielle et trop peu mêlée
au mouvement profond de la Société; le *Cénacle*
n'était après tout qu'un salon; il s'est dissous

après une certaine durée, pour se refondre, nous l'espérons, en quelque chose de plus social et de plus grand. Les individus illustres sont assurés de retrouver leur place dans cette prochaine association de l'art vers laquelle convergent rapidement toutes les destinées de notre avenir...

« Ce pauvre Joseph ne verra rien de tout cela; il n'était pas de force d'ailleurs à traverser ces diverses crises; il s'était trop amolli dans ses propres larmes. Sans doute, vers la fin de sa carrière, il en était venu à chérir ses amis et à reconnaître Dieu; mais c'était chez lui amitié domestique et religion presque mystique, c'était une tendresse de solitaire pour quelques êtres absents et un mouvement de piété monacale vers le Dieu intérieur. Il aurait eu bien à faire pour arriver de là à l'intelligence et à l'amour de l'humanité progressive et à une communion pratique de l'âme individuelle avec Dieu se révélant par l'humanité. »

Victor Hugo lut l'article du *Globe,* et à l'instant même, interrompant son travail, il écrivit à Sainte-Beuve :

Ce jeudi [4 novembre 1830].

« Je viens de lire votre article sur vous-même et j'en ai pleuré. De grâce, mon ami, je vous en conjure, ne vous abandonnez pas ainsi. Songez aux amis que vous avez, à un surtout, à celui qui vous écrit ici. Vous savez ce que vous êtes pour lui, quelle confiance il a en vous pour le passé comme pour l'avenir. Vous savez que votre bonheur empoisonné empoisonne à jamais le sien, parce qu'il a besoin de vous savoir heureux. Ne vous découragez donc pas. Ne faites pas fi de ce qui vous fait grand, de votre génie, de votre vie, de votre vertu. Songez que vous nous appartenez, et qu'il y a ici deux cœurs dont vous êtes toujours le plus constant et le plus cher entretien.

« Votre meilleur ami,

« V.

« Venez nous voir. »

Point de réponse écrite à cette lettre si bonne;

mais Sainte-Beuve, touché, alla nécessairement
lui-même en remercier Victor Hugo. Il dut y
avoir, ce jour-là, entre les deux amis, un épanchement suprême.

Ce que fut leur entretien, il est aisé de le
conjecturer. Cet amour néfaste que Victor Hugo
avait d'abord voulu nier, il était bien obligé
aujourd'hui d'en reconnaître la cruelle réalité ;
il en souffrait déjà trop lui-même pour pouvoir
en douter encore. Il est donc certain qu'il voulut
s'en expliquer avec Sainte-Beuve ; il s'en expliqua
affectueusement, fraternellement : il lui en parla
au nom de sa femme et au sien ; il lui représenta
doucement comme cet amour impie était funeste
à leur amitié à tous trois, jusque-là si chaste et
si pure, qu'il faisait de leur ancien bonheur leur
tourment. Sainte-Beuve enfin, ne s'apercevait
donc pas que cet amour était aussi pour « son
Victor » une double offense, — offense à l'ami,
offense à l'homme?... Sans doute, le plus
vigoureux, le plus énergique supplia l'autre de
faire un effort viril, de se vaincre lui-même, et
de leur rendre à tous la paix et la joie ; et, sans
doute, l'autre convint de tout, pleura de tout,
comme un malade et comme un enfant qu'il

était, et promit d'essayer, de faire tout ce qu'il pourrait pour guérir.

Mais il n'était plus maître de lui, le mal en était à la période aiguë. Nous allons donner, avec les brèves réponses de Victor Hugo, les deux lettres qu'il écrivit en décembre. Elles sont d'une navrante éloquence, ces lettres, aussi déchirantes, ou peu s'en faut, que celles qu'écrira Victor Hugo l'année suivante. Ce sont de ces pages qu'aucune littérature n'imite et n'égale parce que, ici, ce n'est pas la plume qui écrit, c'est le cœur qui saigne.

[7 décembre 1830].

« Mon ami, je n'y puis tenir ; si vous saviez comment mes jours et mes nuits se passent et à quelles passions contradictoires je suis en proie, vous auriez pitié de qui vous a offensé et vous me souhaiteriez mort, sans me blâmer jamais et en gardant sur moi un éternel silence. — Je me repens déjà de ce que je fais en ce moment, et cette idée de vous écrire me paraît aussi insensée que le reste ; tant je viens de tous les côtés me briser contre l'impossible ; mais enfin la chose est commencée et je poursuis. — Si vous saviez, hélas! ce que j'éprouve toutes les fois que votre nom est prononcé à mes oreilles, toutes les fois qu'il m'arrive sur Madame Hugo et sur vous quelque nouvelle et quelque rapport; si vous saviez comme tous les jours passés dans leurs moindres circonstances, nos promenades à la plaine, nos visites aux *Feuillantines* et tout ce que j'avais rêvé de vie paisible et bénie auprès de vous, si vous saviez comme tout cela se déchaîne en moi au fond de mon cœur dans mes veilles et à quel supplice de damné je suis livré sans relâche depuis trois ou quatre heures du matin jusqu'au jour! mon cœur se referme alors; il se fait une glace à l'ouverture, et rien ne paraît plus jusqu'à ce que le soir vienne tout remuer encore dans ce gouffre. Il y a en moi du désespoir, voyez-vous, de la rage; des envies de vous tuer, de vous assassiner par moments en vérité; pardonnez-moi ces horribles mouvements. — Mais pensez à ceci, vous que tant de pensées remplissent, pensez au vide que laisse une telle amitié. — *Quoi? pour jamais perdus!* — Je ne puis plus aller vous voir; je ne remettrai plus les pieds sur votre seuil, c'est impossible; mais

ce n'est pas indifférence au moins. Ah! ne
prononcez pas, je vous en conjure, priez
Madame Hugo de ne jamais prononcer ce mot
d'*inconstance* qui me revient de toutes parts.
Inconstant avec vous, le pouvez-vous dire, hélas!
L'avez-vous donc oublié déjà, est-ce pour trop
peu aimer que notre amitié cesse; et n'est-ce
pas un excès plutôt qui l'a tuée? Je vous ai déjà
expliqué mon inconstance en idées et d'où elle
vient; vous devez en être convaincu; elle vient
de cette poursuite éternelle du cœur à travers
tout vers un seul et même objet qui soit un
amour capable de le remplir. Cet amour, Dieu
m'est témoin que je l'ai cherché uniquement en
vous, dans votre double amitié à Madame Hugo
et à vous, et que je n'ai commencé à me cabrer
et à frémir que lorsque j'ai cru voir la fatale
méprise de mon imagination et de mon cœur. Si
donc je cesse brusquement et si je ne vous vois
plus désormais, c'est que des amitiés comme
celle qui était entre nous ne se tempèrent pas;
elles vivent, ou on les tue. Que ferais-je
désormais à votre foyer, quand j'ai mérité votre
défiance, quand le soupçon se glisse entre nous,
quand votre surveillance est inquiète et que

Madame Hugo ne peut effleurer mon regard sans
avoir consulté le vôtre? Il faut bien se retirer
alors et c'est une religion de s'abstenir. Vous
avez eu la bonté de me prier de venir toujours
comme par le passé; mais c'était de votre part
compassion et indulgence pour une faiblesse
que vous pensiez soulager par cette marque
d'attention; je n'y puis consentir; j'en éprouverais moi-même trop de torture, si, vous, vous
en éprouviez seulement quelque gêne. Elle est
donc tuée irréparablement, cette amitié qui fut
de ma part un culte, il ne nous reste plus, mon
ami, qu'à l'ensevelir avec autant de piété qu'il
se peut. Je l'ensevelis dans mon cœur, comme je
vous prie de faire dans le vôtre, comme je vous
prie (soyez généreux) de dire à Madame Hugo
de faire dans le sien; chez moi, il y aura toujours,
quoi qu'il m'arrive désormais dans la vie, une
pensée mélancolique et sainte qui veillera sur
cette amitié déplorée; oui, quoi qu'il m'arrive,
et même si, par impossible, il m'arrivait en
cette vie des joies, cette pensée triste et muette
restera à sa place en mon cœur et ne se dévoilera
jamais. Tâchez de faire de même au milieu des
joies de famille et de gloire qui continueront de

descendre sur Madame Hugo et sur vous; qu'il y ait en tout ceci mystère et silence; parlons désormais le moins possible les uns des autres, mon ami, de peur d'en mal parler de loin, de peur que le dépit n'aigrisse des paroles légères et que l'amitié ensevelie n'en soit troublée.

« Et puis peut-être un jour, mon ami, quand je n'aurai plus rien au monde, ni mère à soigner, ni amour de femme à espérer, ni erreur de système à essayer, quand je serai vieux, et que madame Hugo elle-même sera vieille, qui sait? si je reviens à la piété, à la religion chaste et austère, à la pratique des vertus, peut-être, mon ami, vous me permettrez alors, après quelque expiation que vous m'imposerez, de venir finir mes jours sous votre toit, et vous m'aurez rendu assez de confiance pour me laisser quelquefois seul encore avec celle qui est digne uniquement de vous, mais que je n'ai jamais méconnue, je vous jure.

« Adieu.

« SAINTE-BEUVE. »

Le lendemain 8 décembre, Victor Hugo répond :

Ce 8 décembre 1830.

« Pouvez-vous croire que je parle de vous *légèrement?* J'ai pu vous dire *inconstant* pour des affaires d'art ou autres misères, mais point pour des affaires de cœur. N'ensevelissons point notre amitié : gardons-la chaste et sainte, comme elle a toujours été. Soyons indulgents l'un pour l'autre, mon ami. J'ai ma plaie, vous avez la vôtre; l'ébranlement douloureux se passera. Le temps cicatrisera tout; espérons qu'un jour nous ne trouverons dans tout ceci que des raisons de nous aimer mieux. Ma femme a lu votre lettre. Venez me voir souvent. Écrivez-moi toujours.

« Songez *qu'après tout*, vous n'avez pas de meilleur ami que moi.

« V. »

Le 23 décembre, nouvelle lettre de Sainte-Beuve :

23 décembre 1830.

« Mon cher ami, ma dernière lettre était trop sincèrement et trop irrévocablement l'expres-

sion de ma triste pensée pour que j'allasse vous
voir comme vous aviez la bonté de m'y engager;
mais vous m'engagiez aussi à vous écrire, et je
le fais aujourd'hui, parce que j'éprouve plus que
jamais le besoin de me rappeler à votre souvenir. Je n'ai vu depuis plusieurs jours aucune
personne qui vous ait visités et de qui j'aie pu
savoir comment vous vous portiez, madame Hugo
et vous; quand je pense dans quels termes d'intimité et de confiance nous étions tous, il y a
un an, à pareille époque, ce retour m'est bien
douloureux. — Il y a un an, mon ami, j'écrivais
cette préface des *Consolations* que je vous don-
nais à lire la veille du jour de l'an et sur laquelle
vous écriviez quelques lignes de votre main que
j'ai conservées comme reliques. Hélas! cette
amitié est-elle donc finie? Et finie de ma faute?
l'irréparable est-il donc consommé? J'ai besoin,
croyez-le, d'espérer encore pour un avenir dont
je n'ose assigner le terme. Mais ne pressons
pas trop ces idées.

« Vous vous êtes mépris, mon ami, quand
vous avez cru que je me plaignais que vous
eussiez parlé *légèrement* de moi. Non, ce mot-là
s'appliquait à moi autant qu'à vous; et quand je

disais : *parlons le moins possible l'un de l'autre,
de peur d'en parler légèrement de loin*, c'était
presque un repentir que j'exprimais, mon ami,
d'avoir pu parler ou penser de vous avec dépit
depuis ces tristes affaires. Mais croyez que, depuis ma lettre, ma pensée est redevenue plus
paisible et plus équitable à votre égard, et qu'il
n'y reste aucun mauvais levain, je vous jure.

« Écrivez-moi, avant la fin de l'année, un petit
mot de souvenir. J'en serai bien reconnaissant.
Dites-moi comment vous allez, tâchez de me
dire que votre plaie est guérie. Quant à la
mienne, elle dure ; ne pouvant la guérir, je voudrais ouvrir d'autres plaies à côté ; allez, je
souffre bien et le bonheur et moi ne nous con-
naissons pas et ne pouvons nous connaître. Si
j'étais prêt à l'atteindre d'un côté, la pensée de
ce qui me manque en vous, en votre maison
qui était la mienne, en la confiance que j'ai
perdue, cette amère pensée gâterait le bonheur
au moment même où je croirais l'obtenir.
Adieu, soyez assez bon pour dire à madame
Hugo mon souvenir.

« Je vous écrirai ainsi quelquefois, pour vous
prouver qu'il y a en mon cœur une lampe qui

veille et une pensée qui prie éternellement au tombeau de notre amitié.

« Oh! mon ami, qui l'eût dit, il y a un an, et que je suis coupable et insensé! Pardonnez-moi.

« Adieu.

« SAINTE-BEUVE. »

Sans tarder, Victor Hugo réplique, le 24 décembre :

« Vous faites bien de m'écrire, mon ami, vous faites bien pour nous tous. Nous lisons vos lettres ensemble, ma femme et moi, et nous parlons de vous avec une profonde amitié. Les temps que vous me rappelez sont pleins de douceur. Croyez-vous qu'ils ne reviennent jamais? Moi, je l'espère. Allez, j'aurai toujours joie à vous voir, joie à vous écrire. Il n'y a dans la vie que deux ou trois réalités, et l'amitié en est une. Mais écrivons-nous, écrivons-nous souvent. Ce sont nos cœurs qui continuent à se voir. Rien n'est rompu.

« VICTOR. »

Les lettres de Sainte-Beuve sont belles, parce qu'elles souffrent; les réponses de Victor Hugo sont belles aussi, parce qu'elles consolent et qu'elles consolent en souffrant. On ne connaît pas beaucoup de témoignages d'une amitié plus profonde et d'une plus généreuse confiance.

Victor Hugo clôt le tout par l'exquis billet qu'il écrit à Sainte-Beuve, le premier jour de l'an 1831, en le remerciant de jouets envoyés aux enfants :

« ... Venez donc dîner avec nous après-demain mardi. 1830 est passé! »

V

LE CALVAIRE DE VICTOR HUGO

Pour comprendre et pour apprécier comme il faut les sentiments qui animaient Victor Hugo et Sainte-Beuve, il est nécessaire de se replacer dans leur temps et dans leur milieu. L'amour, qui de tous les sentiments humains est le plus général, est aussi celui qui varie le plus par la forme, non pas seulement de pays à pays, et de siècle à siècle, mais on pourrait dire de génération à génération. Or, l'amour en 1831, ce qu'on pourrait appeler l'amour romantique, différait singulièrement de l'amour tel qu'on le connaît aujourd'hui. C'était un amour très profond, très sérieux et très pur, un amour « moins près du rire que des pleurs », dont le vrai nom était passion, et qui, loin de les craindre, appelait la souffrance et « désirait les orages »; c'était l'amour entier, absolu, de Werther, de René, de Didier, d'Antony, qui ne reculait pas devant le sacrifice, ni même, s'il y était poussé, devant le crime.

C'est cet amour éperdu qu'exprimait Sainte-Beuve dans sa lettre du 17 décembre : « ... Il y a en moi du désespoir, voyez-vous, de la rage, des envies de vous tuer, de vous assassiner... » — Victor Hugo, lui aussi, à côté de l'amant presque en démence, était, selon les idées du temps, le mari magnanime, qui s'efforçait de calmer et de consoler l'amant.

Tous deux, jusqu'ici, ont été, en réalité, bons et grands; et, dans ce récit, où l'on essaie de renouer les faits et de retrouver les sentiments, il n'y a jamais eu qu'à louer et à plaindre. Tous deux souffrent, l'un avec désespoir et remords; l'autre avec dignité et douceur; tous deux sont dignes d'admiration et dignes de pitié.

Les choses vont malheureusement changer; amant et mari, ils vont sortir de la sphère idéale, ils vont se heurter aux tristes et dures réalités des passions et de la vie.

Les lettres de Sainte-Beuve, ces lettres où l'amour crie et saigne, on a vu que Victor Hugo les donnait à lire à sa femme; il avait dans celle qu'il aimait et dont il était aimé, une confiance absolue, une confiance inaltérable, et sans doute il avait raison. Il n'en est pas moins vrai qu'il jouait là un jeu aussi dangereux qu'il était généreux. En exposant une âme sensible et délicate à la contagion de cette fièvre, il commettait une grave imprudence. La pureté n'est pas la froideur, et quelle est la femme, fût-elle la plus honnête du monde, qu'un pareil amour eût laissée indifférente? Ajoutons que celui qui écrivait ces lettres enflammées était depuis deux ans pour elle l'ami le plus dévoué et le plus tendre, qu'il était aussi son converti, et que cette âme, qu'elle eût voulue pour l'instant moins ardente, c'était elle un peu qui l'avait refaite.

Il ne faut donc pas s'étonner si elle pensait à l'absent, si elle le plaignait, si son mari la surprit parfois en pleurs à cause de lui. Adèle était d'ailleurs le cœur le plus sincère et le plus ingénu, elle le fut toute sa vie, elle était incapable de dissimulation; elle ne dut cacher ni ses larmes, ni la cause de ses larmes.

Pour la première fois, Victor Hugo crut sentir qu'il y avait peut-être là quelque chose de plus que l'amitié et qu'il n'était pas impossible que celle qui était tout pour lui cessât d'être toute à lui.

Il devint jaloux.

Tous les sentiments étaient excessifs dans cette âme hors mesure, et surtout la jalousie. Il l'avait éprouvée avec une violence extrême pour sa fiancée; à plus forte raison l'éprouvat-il pour sa femme. Rien que le doute lui était insupportable. Sainte-Beuve venait rarement, mais Victor Hugo lui-même, dans sa compassion, n'avait pas cessé de l'engager à venir. Comment interrompre ces visites, qui maintenant le mettaient à la torture?

.·.

La première condition de l'enquête qu'on poursuit ici est l'impartialité; il faut donc reconnaître que, dans son trouble et dans son angoisse, Victor Hugo eut un tort et commit une faute.

Il n'avait qu'une chose à faire, lui, le véridique et loyal grand homme ; c'était de confesser en toute sincérité à Sainte-Beuve sa jalousie et son tourment. Après quoi, il s'en fût remis à lui, l'eût fait juge, l'eût fait maître, l'eût laissé décider seul des moyens de rendre à l'ami généreux la tranquillité d'esprit si nécessaire à son travail. Sainte-Beuve, ému, n'eût pas voulu demeurer au-dessous de Victor et, spontanément, il eût renoncé, au moins pour un temps, à voir Mme Victor Hugo ; ce qui n'était plus d'ailleurs pour lui qu'une occasion de souffrir. Il se fût ainsi éloigné volontairement, satisfait de lui-même et fier de son sacrifice.

En agissant de cette façon, Victor Hugo serait resté à leur commun diapason de confiance et de franchise, et tout se fût passé sans froissement et sans secousse. Mais Victor Hugo trouva peut-être que se déclarer jaloux, se déclarer inquiet, c'était faire un aveu d'infériorité. Il prit donc une autre attitude, plus fière et qui semblait lui faire plus honneur, mais qui n'était pas sans danger.

Dans le temps où l'on n'avait en main que les seules lettres de Victor Hugo, on ne savait trop quelle avait été alors sa conduite et on se perdait en conjectures; les lettres de Sainte-Beuve retrouvées ont révélé ce qui avait dû se passer.

Victor Hugo eut sûrement avec Sainte-Beuve un entretien grave, où il lui représenta, sans doute avec tous les adoucissements possibles, que son mal, au lieu de s'améliorer, s'aggravait et que cette situation sans issue était intenable. Sa femme et lui Sainte-Beuve étaient les deux êtres qu'il aimait le plus au monde et il les avait jusque-là confondus dans son cœur comme ils étaient mêlés dans sa vie; mais il voyait le moment cruel où il serait obligé de choisir entre lui et elle. Il n'en voulait cependant rien faire, et voici l'étrange parti qu'il proposa à Sainte-Beuve.

L'un des caractères de l'amour romantique était de proclamer la souveraineté de la passion, toujours supérieure à la loi écrite; Victor Hugo, conformément à ce principe, n'entendait pas se targuer de son droit de mari, étant de ceux qui reconnaissent le droit de l'amour; tel, un peu plus tard, le Jacques de George Sand. En conséquence, il offrait à Sainte-Beuve de laisser sa femme elle-même choisir librement entre eux.

Si lui, Victor Hugo, n'était pas le préféré, c'est lui qui s'inclinerait, lui qui ferait ce que voudrait Sainte-Beuve. — Il se donnait ainsi le beau rôle et il fallait admirer sa grandeur d'âme.

Il va sans dire que Sainte-Beuve refusa de tenter l'épreuve. Il se déclara vaincu d'avance et se retira.

Seulement, il se retirait mécontent, humilié, blessé à la fois dans son amour-propre et dans son amour.

*
* *

Dans son déchirement, Sainte-Beuve chercha s'il ne trouverait pas autour de lui quelque diversion puissante; le hasard la lui fournit presque aussitôt.

Son ami Pierre Leroux, précisément en ce moment, prenait la direction du journal *le Globe,* qui allait désormais se consacrer à la doctrine saint-simonienne. Sainte-Beuve y demanda sa place et fut reçu avec empressement Il y avait à faire le préambule et le programme du journal renouvelé. Le travail était difficile,

Pierre Leroux demanda à Sainte-Beuve s'il ne voudrait pas s'en charger. Le néophyte y consentit, rédigea d'emblée le Programme et, du jour au lendemain, avec sa merveilleuse souplesse, se fit de romantique saint-simonien.

Victor Hugo, lui, s'imaginait de bonne foi que sa conduite avait été admirable et avait la ferme et candide assurance que, l'amoureux écarté, il allait conserver l'ami. Il gardait sur Sainte-Beuve toutes ses illusions et croyait lui avoir à jamais communiqué sa flamme et sa foi. Il ne l'avait pas laissé partir sans lui faire promettre qu'ils s'écriraient, qu'ils se verraient au dehors et qu'ils ne cesseraient pas de s'aider l'un l'autre dans le bon combat qu'ils combattaient depuis des années.

Là-dessus, satisfait et tranquille, il s'était remis avec ardeur à son roman, *Notre-Dame de Paris,* qu'il fallait livrer à date fixe, qui absorbait tout son temps et toute sa pensée, et qu'il acheva au commencement de février. Il fut pris alors par la correction des épreuves et n'eut pas encore le loisir de s'apercevoir que, dans tous ces longs jours, Sainte-Beuve ne lui avait pas donné signe de vie.

.

Au commencement de mars, l'impression de *Notre-Dame de Paris* était terminée, l'occasion se présenta à Victor Hugo de servir utilement son ami ; il ne la laissa pas échapper.

M. Buloz fondait à ce moment la *Revue des Deux-Mondes* et manifestait l'intention de l'ouvrir à toutes les jeunes gloires de l'époque. Il vint tout d'abord frapper à la porte de l'auteur d'*Hernani* et de *Notre-Dame* dont, avant même son apparition, on faisait déjà grand bruit. Victor Hugo l'accueillit à merveille et lui promit son concours ; seulement, ce concours ne pourrait être que fort intermittent. Il y avait une collaboration plus active et plus précieuse, dont il lui conseillait de s'assurer sur-le-champ, celle du premier critique du temps, celle de Sainte-Beuve. Et il se hâta de donner à Buloz cette lettre d'introduction auprès de Sainte-Beuve :

Ce 9 mars [1831.

« Il y a des siècles, cher ami, que je ne vous

7

ai vu, et je passe ma vie à parler de vous et à y penser...

« Permettez-moi de vous adresser M. Buloz, directeur de la *Revue des Deux-Mondes*, recueil qui se régénère, et qui serait bien puissamment rajeuni si vous vouliez y coopérer. M. Buloz qui, je crois, vous plaira beaucoup, désire vivement vous entretenir de cette affaire.

« Faites pour lui, je vous prie, tout ce que vous pourrez.

« Votre éternel ami,

« V. H. »

Sainte-Beuve accueillit fort bien M. Buloz, il s'entendit avec lui, et c'est par cette porte qu'il entra à la *Revue* où il devait acquérir sa place définitive; mais il s'abstint de remercier Victor Hugo.

Que signifiait ce silence? Sainte-Beuve serait-il fâché? Victor Hugo commençait à se le demander.

A quelques jours de là, il allait à l'Odéon avec sa femme; il fit porter à Sainte-Beuve ce billet :

« Nous sommes à l'Odéon, cher ami ; vous y avez vos entrées, vous seriez mille fois aimable de venir nous y rejoindre.

« A vous du fond de l'âme.

« VICTOR. »

Une loge au théâtre était un terrain neutre où Sainte-Beuve serait peut-être bien aise de retrouver ses amis. Il ne vint pas et ne s'excusa même pas de n'être pas venu.

Victor Hugo, décidément inquiet, écrivit à Sainte-Beuve :

Ce dimanche 13 [mars 183.].

« Je ne vous ai pas vu hier soir, mon ami, et vraiment, ç'a été un chagrin. J'ai tant de choses à vous dire, tant de peines que vous me faites à vous conter, tant de prières à vous faire du plus profond de mon cœur, pour vous, Sainte-Beuve, qui m'êtes plus cher que moi, j'ai tant besoin que vous me disiez encore que vous m'aimez pour le croire, qu'il faudra que j'aille un de ces matins vous chercher et vous prendre pour causer longuement, profondément, tendrement, de toutes ces choses avec vous. N'avez-vous pas quelquefois l'idée que vous vous trompez, mon ami? Oh! je vous en supplie, ayez-la, c'est la seule prise qui me reste peut-être encore sur vous. Nous en causerons, n'est-pas ? »

Victor Hugo, ne pouvant imaginer que Sainte-Beuve n'était pas toujours tout à lui et comptant sur son dévouement, et sur tout un passé de services rendus, terminait sa lettre en lui demandant le plus simplement du monde s'il voudrait se charger de rendre compte au *Globe* de *Notre-Dame de Paris*. Il lui envoyait des fragments du livre à paraître et le priait de faire insérer dans le journal un de ces fragments, avec annonce que les volumes paraîtraient le mercredi suivant. Il ajoutait :

« J'ai chargé Gosselin de vous envoyer un des premiers exemplaires. Vous le lirez, n'est-ce pas? Vous me direz après franchement si vous croyez pouvoir en rendre compte, et j'irai un de ces matins écrire sur votre exemplaire que je suis toujours et que j'ai toujours été et que je serai toujours

« Votre meilleur ami,

« V. H. »

Sainte-Beuve, mis au pied du mur, ne pouvait pas garder plus longtemps le silence ; la lettre si cordiale de Victor Hugo exigeait une réponse. Elle est bien sèche, bien dure, cette réponse, fort adroite en même temps et habilement calculée.

Après s'être excusé d'avoir reçu le billet de Victor Hugo trop tard pour se rendre à l'Odéon, il décline en douceur l'offre amicale d'un rendez-vous que, pour le présent et même pour l'avenir, il semble juger inutile.

[Mars 1831].

« ... Nous aurions en effet, mon ami, énormément de choses à nous dire ; et je vous avoue que je ne sais si nous n'en aurions pas trop, maintenant, pour nous y engager jamais. »

Il proteste pourtant de son affection et de son admiration, qui sont chez lui « invariables », mais il ne cache pas que ces sentiments invariables ont complétement varié.

« Mon affection pour vous et tout ce qui vous touche, mon admiration pour votre génie, sont

chez moi des sentiments invariables. Mais vous
dire que cette affection est restée la même que
ce qu'elle a été, vous dire que cette admiration est demeurée en moi comme un culte intérieur, domestique et de famille, ce serait vous
mentir, et je vous le répéterais vingt fois que
vous ne le croiriez pas. Je vous admire et vous
admirerai toujours comme la plus grande chose
littéraire du temps en France, et plus j'y réflé-
chirai plus je trouverai de motifs légitimes à
cette admiration; mais l'objet en est hors de
moi, mais le sentiment n'en est plus chez moi
instinctif et aussi essentiel que la vie. Ceci est
triste, mais, je crois, fatal. »

Sainte-Beuve déclare que la raison de ce
changement n'est nullement l'influence saint-
simonienne, non, c'est ce qu'en termes bizarres,
mais transparents dans leur obscurité, il appelle
« le fait moral... le fâcheux accident ». Il entend
par là son amour.

« Vous auriez tort d'y voir simplement l'influence de certaines idées qui m'ont été ino-
culées depuis quelques mois. Ces idées peu-

vent y être pour quelque chose, mais leur action sur moi n'a été que consécutive à un fait moral que nous n'avons que trop ressenti, moi du moins. C'est dans les obscurités mystérieuses de ce fâcheux accident qu'il me faudrait chercher toutes les réponses aux questions que vous pourriez me faire sur mes sentiments actuels à votre égard. »

Sainte-Beuve fait alors nettement allusion aux entretiens douloureux que, d'après cett lettre même et la réponse, nous avons plus haut supposés : — Victor Hugo a manqué envers lui « d'abandon », il a dissimulé ce qu'il avait au fond dans le cœur. Victor Hugo a manqué de « confiance », il a mis Sainte-Beuve dans la nécessité de s'éloigner, il a traité de façon brutale cet amour qu'il avait jusque-là ménagé ; il a arraché brusquement l'appareil que lui-même il avait posé sur la blessure de son ami. Et il a fait tout cela avec une apparence de grandeur, qui, si on faisait appel à la galerie, la mettrait de son côté.

« Quelque coupable que j'aie été envers vous

et que j'aie dû vous paraître, j'ai cru, mon ami, que vous-même aviez eu alors envers moi des torts réels dans l'état d'amitié intime où nous étions placés, des torts par manque d'abandon, de confiance, de franchise. Mon dessein n'est pas de remuer ces tristesses. Mais toute la plaie est là.

« Votre conduite, aux yeux de l'univers, si vous l'exposiez, serait irréprochable ; elle a été digne, ferme et noble ; je ne l'ai pas trouvée à beaucoup près aussi tendre, aussi bonne, aussi rare, aussi *unique*, qu'elle pouvait l'être dans l'état d'amitié *unique* où nous vivions.

« Depuis ce temps, je ne suis plus de votre famille, de votre intérieur ; je n'en puis plus être ; je suis retombé après bien des déchirements, vis-à-vis de vous, dans un état *intellectuel* et d'amitié extérieure ; je ne suis plus un membre de votre être, une fonction de votre vie. Croyez que mon cœur a bien saigné et qu'il en saigne encore quand il souffle dans l'air un certain vent du passé qui rouvre les plaies et fait mourir. — Mais qu'y faire ?...

« C'est dans ces dispositions morales que les idées saint-simoniennes me sont survenues ;

distraction puissante : je m'y suis livré ; le rapport qu'elles avaient avec mes variations et mes
égarements antérieurs était déjà un lien ; j'ai
cru y voir un dernier progrès, une assiette, un
couronnement à ma vie si agitée et toujours
croulante. »

Malgré tout, Sainte-Beuve ne ferme pas à
double tour la porte et laisse entrevoir par où
Victor Hugo pourrait le reprendre. Le saint-
simonisme ne le tient pas à jamais. — D'ailleurs, qu'est-ce qui dorénavant tiendra à jamais
Sainte-Beuve ?

« J'ai, par moments, beaucoup de doutes, non
pas sur tel ou tel point en particulier ; mais sur
tous ces systèmes généreux qu'on croit répondre à la loi des choses, et j'ai des quarts d'heure
de scepticisme absolu et universel. Vous
auriez par là une large prise sur moi : mais pour
me ramener où j'étais vis-à-vis de vous, mon
ami, à ce que je regretterai éternellement, que
faire ?
« Cela est si vrai que dans tout ce que vous
m'écrivez, et dans tout ce que je vous écris,
nous n'osons même aborder par son nom le

sujet vrai et si adorable de toute cette dissension. »

Pour ce qui est de l'article sur *Notre-Dame de Paris*, Sainte-Beuve, sous un prétexte visiblement menteur, ne fera même pas insérer dans *le Globe* un chapitre du roman. Il est pourtant le maître dans le journal sur les sujets littéraires, et le directeur Pierre Leroux, qui était alors l'ami et l'admirateur de Victor Hugo, lui aurait laissé carte blanche. Mais le critique est bien aise de se donner de l'importance. « Il lira, il fera » peut-être... Non, il ne fera pas, il ne fera pas plus d'article sur *Notre-Dame de Paris* qu'il n'en a fait sur *Hernani*. Heureusement, *Hernani* et *Notre-Dame de Paris* n'en ont pas beaucoup souffert.

« L'extrait du roman dans *le Globe* n'aurait pu paraître; il aurait fallu un jugement en tête à cause de l'orthodoxie du journal, et ce jugement aurait été prématuré. Je serais heureux de faire l'article moi-même; on me presse là-bas, vous paraissez le désirer; et, au milieu de mes anxiétés, j'en ai aussi un vif désir. — Je lirai, je causerai avec eux, nous causerons tous les deux ensemble, et si je puis tout concilier avec ce que je sentirai éternellement pour vous, personne et génie, je ferai.

« Adieu, tout à vous, mon ami.

                              « SAINTE-BEUVE.

« Présentez, s. v. p., mes respects à madame Hugo. »

.·.

Quand on pense que Sainte-Beuve n'a rien écrit à Victor Hugo entre cette lettre presque impertinente et la lettre humble et repentante du 25 décembre, qui se terminait par ces mots : « Que je suis coupable et insensé! Pardonnez-moi! » Dans ces trois mois, quel changement! Le Sainte-Beuve croyant et touchant des *Consolations*, retournant à son naturel, était vite redevenu le Sainte-Beuve amer et sceptique de *Joseph Delorme!*

Victor Hugo, lui, conservé par son incessant travail, était vraiment celui qui n'avait pas varié. Le génie sans doute implique une certaine simplicité d'âme. Victor Hugo aimait sincèrement, sérieusement Sainte-Beuve. Sa lettre inattendue le plongea dans la stupéfaction. Il était si pleinement convaincu qu'il avait fait à Sainte-Beuve une proposition quasi sublime : Comment Sainte-Beuve pouvait-il l'oublier à ce point!

Sous le coup de sa surprise et de sa peine, Victor Hugo resta trois ou quatre jours sans répondre. Il fallait bien cependant accepter la situation que créait entre eux le refroidissement de Sainte-Beuve. Il lui écrivit :

Ce vendredi 18 mars 1831.

« Mon ami,

« Je n'ai pas voulu vous écrire sur la première impression de votre lettre. Elle a été trop triste et trop amère. J'aurais été injuste à mon tour. J'ai voulu attendre plusieurs jours. Aujourd'hui, je suis du moins calme, et je puis relire votre lettre sans raviver la profonde blessure qu'elle m'a faite.

« Je ne croyais pas, je dois vous le dire, que ce qui s'est passé entre nous, *ce qui est connu de nous deux seuls au monde*, pût jamais être oublié, surtout par vous, par le Sainte-Beuve que j'ai connu. Oh! oui, je vous le dis avec plus de tristesse encore pour vous que pour moi, vous êtes bien changé! Vous devez vous souvenir, si vos nouveaux amis n'ont pas effacé en vous jusqu'à l'ombre de l'image des anciens, vous devez vous souvenir de ce qui s'est passé entre nous dans l'occasion la plus douloureuse de ma vie, dans un moment où j'ai eu à choisir entre elle et vous! rappelez-vous ce que je vous ai dit, *ce que je vous ai offert, ce que je vous ai proposé,* vous le savez, *avec la ferme résolution* de tenir ma promesse et de *faire comme vous voudriez;* rappelez-vous cela, et songez que vous venez de m'écrire que dans cette affaire j'avais manqué envers vous *d'abandon, de confiance,* de FRANCHISE! Voilà ce que vous avez pu écrire trois mois à peine après. Je vous le pardonne dès à présent. Il viendra peut-être un jour où vous ne vous le pardonnerez pas.

« Toujours votre ami malgré vous.

« V. H. »

Il s'écoula, non pas trois ou quatre jours,

mais quinze, avant que Sainte-Beuve se décidât
à répondre. Il lui fallait sans doute ce temps
pour peser les termes de sa lettre. Elle est à
la fois humble et arrogante, cette lettre, et l'on
ne sait ce qui y domine, de la morgue ou de la
fausseté. On aurait pu croire qu'il s'excuserait,
il se plaint! De quoi? De la « sévérité » de
Victor Hugo! Sa lettre à lui, sa bonne lettre,
était « triste, mais *sans aigreur* ». Et la
réponse de Victor Hugo!.. Oh! elle a suscité
en Sainte-Beuve toutes les révoltes de son
amour-propre, des révoltes violentes même.
Mais il est « venu à bout de lui », et il s'in-
cline, le pauvre homme, et, « dans un sentiment de repentir », il accepte les reproches;
bien plus, il ira voir Victor Hugo pour lui
prouver qu'il accepte son pardon. — Cependant il fait ses conditions : il ne sera pas question entre eux de son amour.

[3 avril 1831].

« J'ai moi-même eu besoin d'attendre bien
des jours, avant de vous répondre, mon ami;
votre lettre m'a paru bien sévère et je me suis

demandé si la mienne avait mérité une réponse si triste pour moi. Mais je suis venu à bout de moi, et telle qu'est votre lettre, je l'accepte entièrement et cordialement. Entre amis comme nous l'avons été, des paroles sévères peuvent être reçues sans honte ; et toutes les révoltes d'amour-propre qui ont eu lieu dans mon cœur à ce sujet, et que je vous confesse avoir été violentes, sont aujourd'hui tout à fait apaisées dans un sentiment de repentir que je vous prie de recevoir à votre tour avec clémence et générosité.

« Il n'était pas entré dans ma pensée de vous offenser le moins du monde dans ma lettre ; l'expression m'en avait paru triste et douloureuse, mais sans aigreur ; je vous avais dit sincèrement là où était ma plaie : qu'il n'en soit plus question entre nous, mon ami ; car vous l'êtes toujours, non pas *malgré moi*, je vous jure ; comment avez-vous pu croire que j'avais voulu ne plus être le vôtre ?

« Qu'il y ait eu refroidissement, déchirement, froissement entre nous, comme vous voudrez l'appeler, c'est malheureusement incontestable. Mais l'amitié a des degrés et je me contenterai avec joie, orgueil et reconnaissance, de la moindre place que vous voudrez me conserver.

« Une prière seulement. Si vous savez maintenant, et si vous croyez qu'il y a entre nous, comme cause de déchirement, autre chose que les idées saint-simoniennes, insistez-y moins dans la conversation avec moi, je vous prie ; si je croyais cela, j'irais vous voir pour vous prouver que j'accepte votre pardon. Mais je crains toujours que ces malheureuses idées qui cachent autre chose pour moi ne m'impatientent et ne renouvellent les tristes discussions dont je rougis.

« Vous me blâmez, je le sais, de n'avoir point parlé du roman, mais l'opinion qu'il faudrait exprimer ne sortira jamais de ma plume, avec quelque assaisonnement de louanges que ce soit. Quant aux extraits, il aurait fallu une tête, une demi-colonne, et même dans ces courtes lignes, j'aurais été obligé par le journal de glisser quelques mots qu'il ne me convient pas d'écrire de vous.

« Il est possible que j'entre plus avant dans le saint-simonisme. Mais est-ce donc une barrière entre nous ? Si je devenais tout à fait saint-simonien, je deviendrais meilleur, croyant en Dieu, moral, aimant les hommes. Si je suis si méchant, si passionné, si inégal, c'est que je suis livré aux caprices de mon misérable cœur.

« Dites-moi, mon ami, puis-je aller vous serrer la main ?

« SAINTE-BEUVE. »

On le voit, Sainte-Beuve signifie, nettement cette fois, qu'il ne sera même pas fait mention dans *le Globe* de *Notre-Dame de Paris*. Mais qu'importe *Notre-Dame !* Victor Hugo n'en a cure. Il n'a rien saisi dans la lettre de Sainte-Beuve des subtilités de cet esprit retors, et sa réponse montre bien de quel côté est la vraie amitié, la vraie bonté, la vraie grandeur. Victor Hugo n'a compris, il ne retient qu'une chose : il a retrouvé son ami !

Ce 4 avril 1831.

« C'est moi, mon ami, qui veux aller vous voir, vous remercier, vous serrer la main. Votre lettre m'a causé une vive et réelle joie. Croyez,

8

mon ami, du moins je l'éprouve, qu'on ne se
défait pas si vite d'une vieille amitié comme la
nôtre. Ce serait un profond malheur que de
pouvoir vivre après la mort d'un si grand morceau de nous-mêmes.

« VICTOR HUGO. »

« Vous viendrez dîner un de ces jours avec
nous, n'est-ce pas? »

Cette invitation rouvrait à Sainte-Beuve la
maison de Victor Hugo; sa bouderie, ses ma-
nœuvres savantes avaient réussi, il retrouvait
l'accès près de Mme Victor Hugo. Il dut se hâter
d'en profiter.

*
* *

Le voilà donc rentré dans la lice, mais il y
rentrait tout autre, il n'y rentrait pas cette fois
sans armes, et, sûrement, il ne serait plus
l'amoureux plaintif et résigné qui ne savait que
souffrir.

Il fallait avant tout rassurer tout à fait le mari,
lui prouver qu'il était redevenu pour lui sans

réserve le fidèle disciple, l'ami dévoué et reconnaissant.

Un voyage qu'il fit à Bruxelles lui donna l'occasion d'écrire à Victor Hugo, et cette lettre-là est toute de tendresse et d'admiration, avec l'expression d'un repentir sans équivoque et sans ombre :

Bruxelles, ce 14 avril 1831.

« Mon cher ami, j'ai beaucoup pensé à vous depuis mon départ de Paris ; je me suis rappelé quelle part vous avez toujours eue jusqu'ici dans tous mes voyages et dans toutes mes absences, lorsque je suis allé en Angleterre, lorsque je suis allé sur les bords du Rhin ou en Normandie ; et j'ai senti avec une joie vive et profonde que vous occupiez encore en moi une large place, et que je tenais encore à vous par des liens que je n'ose dire aussi forts que ceux d'autrefois (quoiqu'ils le soient redevenus de mon côté et que j'espère que mes fautes ne les aient pas trop relâchés du vôtre) mais au moins par des liens qui ne se rompront plus, puisqu'ils ont résisté à la plus redoutable épreuve.

« J'ai songé avec une joie sincère que j'étais encore votre ami, et que pourtant, après tout ce que j'avais fait d'insensé, d'aigre et de violent, j'avais mérité de ne plus l'être ; j'ai été heureux, je vous jure, de cette idée que je vous avais bien quitté et que je n'emportais pas un remords attaché à votre souvenir. Chaque tour gothique, chaque flèche d'église, chaque hôtel de ville que j'ai rencontré sur ma route n'a pas été pour moi un monument funèbre de notre amitié, un témoignage accusateur de mon ingratitude envers celui qui m'avait révélé la clef de cette poésie et la pensée de ces vieux âges.

« Je suis depuis quelques jours à Bruxelles. J'ai vu l'hôtel de ville et Sainte-Gudule. L'hôtel de ville surtout est rare et admirable au milieu de cette place où chaque maison montre encore son pignon en façade, orné, ciselé, décoré à la flamande et à l'espagnole. Pourtant, quoique je me plaise à cette vue et que j'en aie quelque intelligence vague et confuse, je sens bien que le guide n'est pas là, que l'interprète me manque et qu'il y a longtemps que je ne me suis aimanté à ses paroles et à ses regards.

« Oh! mon ami, je vous le dis d'ici en toute quiétude de cœur, en toute timidité d'âme, en toute plénitude d'effusion, et en étant moi-même autant que je le puis être, il ne s'est rien brisé d'essentiel entre nous; l'aigreur qui est venue de moi n'a été qu'à la surface et comme un dépit de maîtresse. Je suis à vous autant que jamais, à vous, homme loyal et fort, à vous, caractère constant et inébranlable, à vous, dont les opinions, même quand je ne les adopte pas, me passent sur la tête et me réduisent à admirer. »

Après ces effusions, Sainte-Beuve entretient Victor Hugo de *Notre-Dame de Paris* et utilise ainsi peut-être les notes prises pour cet article qu'il n'a pas voulu faire. Il a certainement l'intention de louer et même de flatter le poète, mais le critique l'emporte et il ne peut s'empêcher de mêler le blâme à la louange.

Le style est « unique, merveilleux, inventé en tout et pour tout, fin, fort, souple, colossal, opulent. » *Mais* il pèche par l'excès de qualité en tout sens. — La couleur historique est « merveilleuse encore! science, imagination, reconstruction vivante et au point de vue de l'art d'un passé déjà inconnu ». *Mais* l'interprétation fantastique l'emporte un peu trop souvent sur l'interprétation religieuse. — Les caractères sont « créés et ineffaçables; le prêtre est sublime de vérité et de profondeur; la petite Esmeralda est une merveille; la mère a des accents à faire pleurer les voix les plus viriles qui les voudraient prononcer ». *Mais* ces caractères traversent trop fréquemment la trame de la nature humaine dessus ou dessous, vers le ciel ou vers l'enfer. — Quant à l'action, Sainte-Beuve sent et admire « tout ce qu'elle a de fort, de dramatique, d'artistement édifié et architecturé. » *Mais* il aurait fallu l'illuminer d'en haut et y faire lire dans les vœux des personnages l'espérance consolante du paradis et de la cité de Dieu. Sainte-Beuve oublie que l'idée de l'enfer et de la damnation primait et opprimait tout au Moyen-Age et que le mot de *Notre-Dame* est ANATK'H.

Sainte-Beuve conclut :

« ... Voilà tout ce que j'avais à vous dire en fait de critique; quant aux éloges, ils ne tariraient pas. Mais comme je ne vous avais pas parlé là-bas de votre livre et que vous saviez combien j'avais dû y penser, je me serais reproché de ne pas vous ouvrir toute ma pensée, comme j'ai fait pour *Cromwell*, pour *Hernani*; d'ailleurs croyez bien que vous ne m'avez jamais paru plus grand, plus fort, plus maître de votre puissance et plus libre de l'appliquer désormais à toutes choses. Mais, je vous supplie, pesez bien dans mes critiques, moins ce qui est particulier à *Notre-Dame*, que ce qui est général et ce qui touche par quelque point votre système complet d'art; voyez s'il n'y aurait pas moyen, sans perdre aucune de vos qualités, de réduire à néant toutes nos discussions qui, bien ou mal soutenues de notre part, doivent porter sur quelque chose de vrai, partant d'admirateurs aussi entiers de votre génie, que nous le sommes, Leroux et moi. » (Si le directeur du *Globe* est cet « admirateur entier », il n'aurait pas beaucoup gêné Sainte-Beuve pour faire dans son journal l'éloge de *Notre-Dame de Paris*.)

« Vous me demanderez ce que je fais ici : rien encore. Je ne suis pas saint-simonien classé, ni ne le serai, soyez tranquille, bien que les aimant beaucoup, et logé dans leur maison. Je ne sais pour combien de temps je suis ici; il y a des jours où il me prend idée qu'on y pourrait vivre et travailler comme ailleurs.

« Allez, mon ami, je suis bien vieux déjà; ma sève ne bouillonne plus; j'aspire à me reposer et à oublier; mes cheveux s'éclaircissent par-devant; je ne désire plus grand'chose, j'ai perdu l'habitude d'espérer, et j'ai besoin que ceux à qui j'ai fait mal m'aiment et me pardonnent.

« Vous m'écrirez un jour à votre aise et aussi brièvement que vous le voudrez. Je vous aurai peut-être écrit déjà une seconde fois auparavant. Dites-moi comment se porte madame Hugo, assurez-la de mon respectueux et inaltérable souvenir. Tâchez qu'elle aille aux eaux ou à la campagne, son mal n'est qu'un mal d'estomac, une gastrite nerveuse, et il céderait au grand air, à la promenade, à la distraction.

« Mes amitiés à Leroux, c'est le bon côté de moi-même; qu'il me représente auprès de vous et que son amitié pour vous plaide pour moi.

« Adieu, mon cher ami, travaillez, mais sans

trop vous fatiguer. Pressez votre rôle; il est grand et peut l'être davantage encore, sinon dans les lettres, du moins en politique.

« Tout et toujours à vous.

« SAINTE-BEUVE. »

« Mes baisers à vos beaux enfants et à ma filleule en particulier. »

* *

Les liens rompus étaient renoués. Quand Sainte-Beuve revint à Paris, il y eut reprise complète des relations anciennes, et tous avaient l'espoir qu'elles allaient être aussi douces que par le passé. Mais les conditions, hélas! en étaient bien changées.

Il avait été virtuellement convenu qu'il ne serait plus question de la cause du désaccord : le fatal amour de Sainte-Beuve. Mais si le sujet défendu n'était pas dans les mots, il était dans les pensées, et l'on y pensait encore en s'efforçant de l'éviter. Ce n'était plus l'abandon d'autrefois, c'était la gêne. La situation fausse faussait la parole, faussait l'attitude, faussait tout.

Les dispositions des esprits n'étaient pas non plus les mêmes.

Sainte-Beuve surtout, nous l'avons dit, était revenu avec des sentiments tout différents. A côté et à l'exemple de Victor Hugo, il avait voulu, il avait pu autrefois hausser son âme; mais il faut bien convenir que la magnanimité ne lui était pas naturelle. Rendu à lui-même et à cette indépendance de l'esprit, et surtout du cœur, qu'il pratiqua toujours volontiers, il n'avait pas dû, même dans l'amertume de la première déconvenue, secouer sans quelque joie de sa délivrance le joug du maître et le joug de la vertu. S'étant repris une fois, il était loin, malgré ses belles protestations de dévouement, de s'être redonné tout entier. Il n'avait plus en Victor Hugo cette foi aveugle qui ne raisonne pas; il faisait plus que raisonner, il doutait. Victor Hugo, en se trompant lui-même, l'avait une fois trompé; pour une pièce fausse qu'il avait reçue, l'astucieux personnage se demandait, il était bien aise de se demander, si les autres étaient vraies. Il n'était nullement fâché de se croire et de se dire trompé pour étouffer ses scrupules d'être à son tour le trompeur. L'ami ancien venait de le rappeler, mais Sainte-Beuve ne pouvait oublier qu'il l'avait banni. Cette blessure à son amour-propre avait beau avoir été fermée, il en sentait la brûlante cicatrice. Il avait été humilié à cause de celle qu'il aimait, humilié devant elle! Il n'était pas homme à réprimer longtemps la secrète envie d'avoir auprès d'elle son jour et sa revanche.

Dans l'âme simple et droite de Mme Victor Hugo elle-même, il pouvait y avoir aussi, à l'endroit de son mari, reproche et trouble. Elle qui n'était que bonté et pitié, avait-elle pu s'empêcher de le trouver injuste quand il avait exilé son ami? Elle avait dû dire, et tout haut peut-être : « Oh! ce pauvre Sainte-Beuve!... » Victor Hugo avait eu la prétention de ne pas faire le mari, mais il l'avait été, chose fâcheuse. Sainte-Beuve, quand il était revenu, n'avait pas manqué de dire à Mme Victor Hugo, en exagérant un peu, quels avaient été, loin d'elle, son supplice et son désespoir. Il s'était plaint et elle l'avait plaint, *contre* son mari. Et quelle contrainte encore, pour l'exilé à qui l'on faisait grâce, de ne pouvoir plus lui parler librement, de devoir

taire tout ce qu'il éprouvait, tout ce qu'il souffrait! Elle lui manquerait donc, sa consolatrice?..
Il n'était plus si timide et si respectueux : il osa
lui écrire et elle lui répondit. Elle avait maintenant quelque chose de secret, quelque chose
d'étranger, presque d'hostile, pour l'homme
à qui jusque-là elle avait appartenu tout entière.

Et lui?... Shakespeare a bien fait voir comme
la jalousie, d'abord étincelle, devient feu,
flamme, incendie, et dévore tout, consume tout.
Cela est vrai principalement pour une âme et
pour une imagination telles que l'imagination
et l'âme de Victor Hugo : cette âme a une pénétration, une intuition particulière pour saisir
dans l'être aimé les moindres sentiments qui lui
sont contraires; l'imagination a une puissance
extraordinaire pour les grossir. Lui si confiant,
il était devenu soupçonneux, ombrageux, irri-
table; il interrogeait, il épiait, il accusait : « Elle
l'aimait moins! elle ne l'aimait plus !.. Pourquoi,
pour qui ne l'aimait-elle plus?.. » Sainte-Beuve,
correct et réservé en sa présence, n'encourait
pas de lui le moindre reproche, et, d'ailleurs,
Victor Hugo eût rougi encore, à ce moment,

de lui laisser voir sa faiblesse. Il n'en souffrait
que davantage.

Il souffrait beaucoup, et la triste loi humaine
voulait que, souffrant, il fît souffrir. Il devait
avoir, avec sa femme, des scènes de douleur
violente qui la rendaient bien malheureuse à
son tour. Elle tâchait de l'apaiser par la patience
et la douceur ; parfois aussi elle dut se révolter : « Si elle l'aimait moins, était-ce donc sa
faute, quand il la torturait ainsi ? » Alors, il
s'accusait, se jetait à ses pieds, se répandait en
paroles de tendresse. Nous avons sous les yeux
une lettre pleine d'adoration, écrite à ce moment-là, et qu'il achève par cette prière :
« Pardonne-moi ! »

Selon toute vraisemblance elle n'avait pu
cacher à Sainte-Beuve ses angoisses ; Sainte-
Beuve, selon toute vraisemblance, en avait pro-
fité pour tenir un langage plus expressif et plus
ardent.

C'est alors que, pour rassurer son mari, mais
surtout pour se rassurer contre Sainte-Beuve
et contre elle-même, elle demanda à Victor
Hugo d'être toujours là quand Sainte-Beuve
la viendrait voir. L'aveu, dont Victor Hugo fut

touché, n'était pas fait cependant pour calmer
ses inquiétudes.

*
* *

La crise était à l'état aigu; cette lutte épuisait
la pauvre Adèle ainsi placée entre deux hommes
qui s'aimaient, qu'elle aimait, et qui étaient de-
venus des rivaux. Elle dut avoir avec Sainte-
Beuve une explication décisive, où elle lui déclara qu'elle entendait se ressaisir et, qu'en tout
état de cause, elle ne serait jamais à lui.

Lors du voyage de Sainte-Beuve à Bruxelles,
les frères Rogier, très puissants en Belgique,
lui avaient offert une chaire de littérature
française à l'Université de Liège. Sainte-Beuve
était toujours dans une situation de fortune
assez précaire et la situation avait ses avantages. Puisqu'il perdait tout espoir, il résolut
d'accepter la proposition. Il consentait même,
pour assurer sa nomination, à se faire natu-
raliser belge. Et, dans sa hâte d'en finir, il
demanda au ministre belge (le 4 mai 1831)
d'ouvrir immédiatement son cours « avec la

certitude d'une nomination ministérielle après sa naturalisation [1] ».

Le 31 mai, il était nommé.

Il avait, bien entendu, fait part à ses amis de sa détermination. Victor Hugo lui avait dit : Partez! Adèle lui avait dit : Merci!

Il est inutile de dire ce que ce départ causait à Victor Hugo de soulagement et de joie : un homme ne s'éloigne de la femme qu'il aime ni lorsqu'il est un amant heureux ni même lorsqu'il espère le devenir. Mme Victor Hugo en eut aussi le cœur allégé: après ces jours de fièvre et d'orage, elle allait donc pouvoir respirer!

On était alors à la fin de juin; c'était l'époque où Victor Hugo et sa famille allaient passer des semaines chez les Bertin : on fit ses adieux à Sainte-Beuve, on partit pour les Roches.

Sainte-Beuve, resté pour quelques jours à Paris, écrivit à Victor Hugo ce billet [2] :

1. Article de M. Émile Faguet. *La Revue* du 1er octobre 1905.
2. Adressé à « Monsieur Victor Hugo, chez Monsieur Bertin, aux Roches, près Bièvre ».

Ce mercredi [3o juin 183o].

« Mon cher Victor,

« Je suis en train de faire votre biographie, que je dois donner à l'imprimerie samedi; après quoi, je partirai sans vous revoir peut-être à votre retour. Comment êtes-vous? Comment est madame? J'espère que vous allez bien tous les deux et que vos douleurs de tête vous ont laissé en même temps que le bruit de Paris. Dites, seriez-vous assez bon pour m'écrire les quatre ou cinq premiers vers que M. François de Neufchâteau vous adressa après votre concours sur les *Avantages de l'étude*? J'ai oublié de les prendre, et si je ne les encadre pas dans l'anecdote, ils seront à jamais perdus pour la postérité. Si vous êtes assez bon pour me répondre dès la présente reçue, je recevrai à temps la petite pacotille que je mettrai à bord de votre vaisseau amiral. Adieu, mon cher Victor, je pense bien à vous, et j'espère que vous m'aimez toujours. Mes respects, s'il vous plaît, à Madame.

« Sainte-Beuve. »

Victor Hugo avait fait une faute quand, au commencement de l'année, il avait brusquement fermé sa maison à Sainte-Beuve; il fit, en répondant à son billet, une autre faute pour le moins aussi grave.

Après cette lutte secrète de trois mois qui l'avait fait tant souffrir, il était enfin au bout de sa peine. De lui-même, son rival renonçait, s'effaçait, lui laissait le champ libre; il triomphait... Quel besoin eut-il d'affirmer, de proclamer son triomphe?

Le 1ᵉʳ juillet, il envoya des Roches les vers de François de Neufchâteau que Sainte-Beuve lui demandait. Il termina sa lettre par cette fanfare :

« Nous sommes ici admirablement, si bien que nous ne savons guère quand nous en partirons; ma femme est ravie, gaie, émerveillée, heureuse, bien portante. C'est une charmante hospitalité. Adieu. On sonne la cloche pour le déjeuner.

« N'oubliez pas de m'écrire de Liège.

« Toujours bien à vous,

« VICTOR. »

9

Sainte-Beuve reçut cette lettre pleine de joie avec un frémissement de colère. — Ah! c'était ainsi! elle s'était lamentée, elle s'était dite malade, épuisée, elle l'avait conjuré de partir! — Il avait consenti, il s'immolait, il faisait plus que s'éloigner, il s'expatriait!... et voilà qu'elle était « ravie, gaie, émerveillée, heureuse, bien portante!... » Il faudra voir!

Il écrivit à Victor Hugo une lettre qui, malheureusement, nous manque, mais à laquelle il est aisé de suppléer : — de bons amis à lui faisaient des objections à son départ; il disait les obstacles, il donnait des raisons... Il ne partirait pas pour Liège.

*
* *

Rude réveil pour Victor Hugo. Il expiait vite et durement sa faute.

Sainte-Beuve ne part pas! La lutte n'est donc pas finie? Tout va recommencer, tout, les nuits sans sommeil, les jours sans travail, et les soupçons aigus, et les fureurs et les larmes? Oh! alors il n'y a plus d'orgueil qui tienne, il

n'y a plus de génie qui vaille, il n'y a plus de
grand poète, plus de nom illustre, plus d'œuvre
glorieuse : il y a un pauvre homme qui souffre,
qui saigne et qui pleure. Il faut prendre un
parti : ce supplice est au-dessus de ses forces.
Il ouvre son cœur à sa femme, dont la tendresse
et la bonté s'émeuvent d'une telle douleur. Ils
reviennent tous deux à Paris, et il réplique à
Sainte-Beuve, et il lui écrit ce qu'il aurait dû
lui dire six mois auparavant, il lui avoue sa
jalousie, sa misère; il lui parle, non plus en
juge, mais presque en suppliant.

Ce 6 juillet (1831).

« Ce que j'ai à vous écrire, cher ami, me
cause une peine profonde, mais il faut pourtant
que je vous l'écrive. Votre départ pour Liège
m'en aurait dispensé, et c'est pour cela que je
vous ai semblé quelquefois désirer une chose
qui, en tout autre temps, eût été pour moi un
véritable malheur, votre éloignement. Puisque
vous ne partez pas, et j'avoue que vos raisons
peuvent être bonnes, il faut, mon ami, que je
décharge mon cœur dans le vôtre, fût-ce pour

la dernière fois. Je ne puis supporter plus longtemps un état qui se prolongerait indéfiniment avec votre séjour à Paris.

« Je ne sais si vous en avez fait comme moi l'amère réflexion, mais cet essai de trois mois d'une demi-intimité, mal reprise et mal recousue, ne nous a pas réussi. Ce n'est pas là, mon ami, notre ancienne et irréparable amitié. Quand vous n'êtes pas là, je sens au fond du cœur que je vous aime comme autrefois; quand vous y êtes, c'est une torture. Nous ne sommes plus libres l'un avec l'autre, voyez-vous! Nous ne sommes plus ces deux frères que nous étions. Je ne vous ai plus, vous ne m'avez plus, il y a quelque chose entre nous. Cela est affreux à sentir, quand on est ensemble, dans la même chambre, sur le même canapé, quand on peut se toucher la main. A deux cents lieues l'un de l'autre, on se figure que ce sont les deux cents lieues qui vous séparent. C'est pour cela que je vous disais : partez!

« Est-ce que vous ne comprenez pas bien tout ceci, Sainte-Beuve? Où est notre confiance, notre mutuel épanchement, notre liberté d'allée

et venue, notre causerie intarissable sans arrière-pensée? Rien de tout cela. Tout m'est un
supplice à présent. L'obligation même, qui m'est
imposée par une personne que je ne dois pas
nommer ici, d'être toujours là quand vous y
êtes, me dit sans cesse et bien cruellement que
nous ne sommes plus les amis d'autrefois. Mon
pauvre ami, il y a quelque chose d'absent dans
votre présence qui me la rend plus insupportable que votre absence même. Au moins, le
vide sera complet.

« Cessons donc de nous voir, croyez-moi,
encore pour quelque temps, afin de ne pas
cesser de nous aimer. Votre plaie est-elle cica-
trisée? je n'en sais rien. Ce que je sais, c'est
que la mienne ne l'est pas. Chaque fois que je
vous vois, elle saigne. Vous devez trouver
quelquefois que je ne suis plus le même. C'est
que je souffre avec vous maintenant, cela m'irrite, contre moi d'abord et surtout, puis contre
vous, mon pauvre et toujours cher ami, et
enfin contre une autre dont c'est peut-êre aussi
le vœu que je vous exprime dans cette lettre.
De toutes ces souffrances du cœur, il s'échappe
toujours, quoi que je fasse, quelque chose au

dehors; et cela nous rend tous malheureux,
plus malheureux qu'avant de nous être revus.

« Cessons donc de nous voir en ce moment,
afin de nous revoir un jour, le plus tôt possible, et pour la vie. L'éloignement de nos
quartiers, l'été, les courses à la campagne,
qu'on ne me trouve jamais chez moi, voilà des
prétextes suffisants pour le monde. Quant à
nous, nous saurons à quoi nous en tenir. Nous
nous aimerons toujours. Nous nous écrirons,
n'est-ce pas? Quand nous nous rencontrerons
quelque part, ce sera une joie, nous nous ser-
rerons la main avec plus de tendresse et d'effusion qu'ici. Que dites-vous de cela? Écrivez-
moi un mot.

« J'arrête ici cette lettre. Ayez pitié de toutes
ces idées sans suite. Cette lettre m'a bien fait
souffrir, mon ami. Brûlez-la, que personne ne
puisse jamais la relire, pas même vous.

« Adieu.

« Votre ami, votre frère,

« VICTOR. »

« J'ai fait lire cette lettre à la seule personne
qui devait la lire avant vous. »

Que répondre à une telle lettre? Il n'y a pas moyen de se révolter contre qui implore. Sainte-Beuve, à son tour, est anéanti. Voilà tout le calcul de son dépit déjoué. Plus de lutte à reprendre, plus de revanche à espérer. Avant d'avoir engagé le fer, il est désarmé. Il n'a plus qu'une chose à faire : essayer de rassurer ce pauvre grand homme qui souffre, pour qu'il révoque un jour son arrêt. Était-ce aussi un peu pour qu'il souffrît moins?

Sainte-Beuve, dès le lendemain, répond à la lettre douloureuse :

[7 juillet 1831].

« Je trouve en rentrant votre lettre, mon cher ami ; elle m'étourdit et me bouleverse. Je la relis et redemande à ce papier s'il dit vrai et s'il ne dit pas autre chose. Je repasse ma conduite depuis ces trois mois pour voir en quoi elle a pu vous blesser et rouvrir un passé que mon vœu était d'abolir. J'ai été avec vous comme autrefois et je vous ai cru aussi souvent le même. Par moments, j'avais bien quelques doutes de ce qui pouvait rester en vous de tristesse et d'irréparable, mais j'attribuais votre air plus sombre à l'âge, à la vie plus avancée, et votre silence à ce que nous nous étions tout dit depuis longtemps et que nous nous connaissions à fond.

« Quant à l'autre personne que j'éviterai aussi de nommer, — bien qu'elle soit restée pour moi l'objet d'une affection invincible et inaliénable, je ne crois pas l'avoir pu blesser par aucun retour vers un temps évanoui. Je ne l'ai jamais revue seule : quand vous n'y étiez pas il y avait toujours des témoins, et mon intérêt ne se manifestait jamais que par des questions relatives à la santé et à l'état physique.

« Je regrette que ce départ n'ait pu avoir lieu à temps pour prévenir une si douloureuse ouverture ; mais les raisons qui m'ont fait retarder sont venues, je vous assure, à l'idée de presque tous mes autres amis ; si j'en avais de secrètes, s'il y avait des séparations personnelles qui pussent me coûter en quittant Paris et dont la pensée entrât dans mes ajournements, vous y étiez sans doute, vous et votre maison, pour quelque chose ; sans doute il m'était dur de vous laisser alors même que je croyais vous avoir retrouvés ; mais dans le cas où vous m'auriez supposé quelque arrière-pensée plus secrète, plus attachante encore, il me semble qu'il vous était facile, sans beaucoup d'efforts, d'en saisir la clé et de l'appliquer ailleurs.

« Au surplus, mon ami, cette lettre qui m'accable et m'afflige beaucoup ne m'irrite nullement; j'ai un regret amer, une douleur secrète d'être pour une amitié comme la vôtre une pierre d'achoppement, un gravier intérieur, une lame brisée dans la blessure ; j'ai besoin de me rejeter sur la fatalité pour m'absoudre d'être ainsi l'instrument meurtrier qui laboure votre grand cœur.

« Prenez garde, mon ami, je vous le dis sans aucune amertume, prenez garde, poète comme vous êtes, de trop emplir la réalité de votre fantaisie, de faire éclore des soupçons sous votre soleil, et de prêter une oreille trop émue aux simples échos de votre voix. Vous êtes à l'âge et au moment où se pose la plus large assise de votre vie ; toute gloire désormais vous est possible et vous est due ; les hommes seront trop heureux et fiers de vous prendre sur le pied dont vous vous offrirez à eux, fût-ce sur un piédestal. Mais au moins, mon ami, sous cette vie magnifique et bruyante du dehors, gardez le plus que vous le pourrez une vie simple, nette, non fantastique au dedans, réelle, éparse au hasard et sans montagnes de chimères. Quand votre flamme va aux autres, que la fumée ne revienne pas contre vous. Sachez jouir de votre bonheur au moment où il vous arrive, le plus complet que vous l'ayez rêvé.

« Adieu. Je suis à vous comme toujours et autant que toujours, avec affliction et sans amertume, soumis à ce que vous aurez décidé, bien que j'aie peine à le comprendre, considérant une séparation d'avec vous comme des arrêts indéfinis que votre amitié plus calme et tout à fait guérie se réserve de lever un jour.

« Adieu, mon ami, adieu.

« S.-B. »

Victor Hugo reçoit cette lettre qui, sans plainte, sans amertume, accepte sa décision et, par tous les moyens, raisonnement, remontrance et louange, s'efforce de calmer sa peine. Il la lit, et son cœur se fond, et, tout de suite,

sans réfléchir, sans chercher les dessous, dans
une confiance éperdue, dans un abandon
aveugle, il s'accuse, il remercie, il crie sa
douleur, — qui ressemble à sa défaite. Mais
c'est justement la défaillance de ce fort, l'hu-
milité de ce superbe qui fait la grandeur de la
lettre qui suit, touchante, déchirante, absurde…
sublime, a dit Jules Lemaître :

7 juillet 1831.

« Je reçois votre lettre, cher ami, elle me
navre. Vous avez raison en tout, votre conduite
a été loyale et parfaite, vous n'avez blessé ni
dû blesser personne… tout est dans ma pauvre
malheureuse tête, mon ami ! Je vous aime en
ce moment plus que jamais, je me hais, sans la
moindre exagération, je me hais d'être fou et
malade à ce point. Le jour où vous voudrez
ma vie pour vous servir, vous l'aurez, et ce
sera peu sacrifier. Car, voyez-vous, je ne dis
ceci qu'à vous seul, je ne suis plus heureux.
J'ai acquis la certitude qu'il était possible que
ce qui a tout mon amour cessât de m'aimer,

que cela avait peut-être tenu à peu de chose avec vous. J'ai beau me redire tout ce que vous me dites et que cette pensée même est une folie, c'est toujours assez de cette goutte de poison pour empoisonner toute ma vie. Oui, allez, plaignez-moi, je suis vraiment malheureux. Je ne sais plus où j'en suis avec les deux êtres que j'aime le plus au monde. Vous êtes un des deux. Plaignez-moi, aimez-moi, écrivez-moi.

« Voilà trois mois que je souffrais plus que jamais. Vous voir tous les jours en cet état, vous le comprenez, remuait sans cesse toutes ces fatales idées dans ma plaie. Jamais rien de tout cela ne sortira au dehors, vous seul en saurez quelque chose. Vous êtes toujours, n'est-ce pas que vous le voulez bien? le premier et le meilleur de mes amis. Voilà un jour pourtant sous lequel vous ne me connaissiez pas encore! Que je dois vous sembler fou et vous affliger! Écrivez-moi que vous m'aimez toujours. Cela me fera du bien... Et je vivrai dans l'attente du jour bien heureux où nous nous reverrons!

« V. »

Sainte-Beuve répond aussitôt, et l'on aimerait à croire, avec Victor Hugo, que, touché d'une si pathétique effusion, il écrit vraiment, non pour rassurer le mari, mais pour consoler l'ami; on aimerait à croire que, devant l'angoisse de la pauvre grande âme, il est redevenu, au moins pour une heure, le Sainte-Beuve d'autrefois, le Sainte-Beuve qui s'était haussé au-dessus de lui-même dans les jours héroïques de leur héroïque amitié :

Ce 8 juillet [1831].

« Mon cher ami,

« Votre nouvelle lettre me comble à la fois d'affliction et de reconnaissance. Non seulement je ne vous en veux pas de ce qui se passe, mais je vous en aime mieux que jamais. Tâchez, mon ami, tâchez de vaincre le malheureux et noir soupçon qui vous est né; je sais combien une telle plaie est douloureuse, pudique, et combien on rougit qu'une main y touche, même la main la plus délicate et la plus compatissante. Mais que n'avez-vous parlé plus tôt? Que n'avez-vous, par un mot de confiance, éloigné plus à temps pour vous l'auteur de ce tourment?

« Permettez-moi de vous dire encore : êtes-vous sûr, sous l'influence de cette fatale imagination, de ne pas porter dans vos rapports avec la personne si faible et si chère quelque chose d'excessif qui l'effraie et resserre contre votre gré son cœur : de sorte que vous-même par votre soupçon la jetiez dans l'état moral qui réfléchisse ce soupçon et vous le rende plus brûlant. Vous êtes si fort, mon ami, si accentué, si hors de toutes nos dimensions vulgaires et de nos imperceptibles nuances, que, surtout dans ces moments passionnés, vous devez jeter et voir dans les objets la couleur de vos regards, le reflet de vos fantômes.

« Tâchez donc, mon ami, de laisser cette eau limpide recommencer à courir à vos pieds sans la troubler et vous y reverrez bientôt votre image. Je ne vous dirai pas : soyez clément, soyez bon, — car vous l'êtes, Dieu merci! Mais je vous dirai : soyez bon à la manière vulgaire, facile dans les petites choses; j'ai toujours pensé qu'une femme, épouse d'un homme de génie, ressemblait à Sémélé : la clémence du dieu consiste à se dépouiller de ses rayons, à émousser ses éclairs; là où il croit jouer et briller seulement, il blesse souvent et il consume.

« Quant à moi, mon ami, je vous écrirai quelquefois puisque vous me le permettez ; quelquefois peut-être, plus tard, je vous demanderai de venir dîner avec moi à quelque café, car j'aurais besoin de vous voir, et, dans un certain temps, cela ne vous fera plus trop de mal, je l'espère.

« Adieu, mon ami, votre ami comme toujours et plus que toujours.

« SAINTE-BEUVE. »

Victor Hugo, le cœur un peu soulagé, répond :

10 juillet 1831.

« Votre lettre m'a fait du bien. Oh! oui, vous êtes toujours et plus que jamais mon ami! Il n'y a qu'un bon et tendre ami comme vous qui sache sonder d'une main si délicate une douleur si profonde et si vive!

« Nous nous reverrons çà et là. Nous dînerons quelquefois ensemble. Ce sera une joie pour moi. En attendant, mon pauvre ami, priez Dieu pour que le calme du cœur me revienne. Je ne suis pas habitué à souffrir !

« V. »

« Écrivez-moi. Ne m'abandonnez pas. »

VI

DANS L'ESPOIR DU RAPPEL

Victor Hugo avait écrit :

« Cessons de nous voir *en ce moment*, afin de
nous revoir un jour, le plus tôt possible. »

Sainte-Beuve avait répondu :

« Je considère une séparation d'avec vous
comme des arrêts indéfinis que votre amitié
plus calme se réserve de lever un jour. »

Rien n'était donc irrévocable et Sainte-Beuve
pouvait espérer que ce second exil ne serait pas
beaucoup plus long que le premier.

Cette fois, il n'a pas été injurieusement banni,
il a été simplement éloigné, éloigné avec son
consentement, éloigné en vertu d'un sacrifice
qu'on lui a demandé comme une grâce. Il est
vainqueur plutôt que vaincu. N'a-t-il pas d'ail-

10

leurs lui-même à se reprocher d'avoir été imprudent et impatient, d'avoir voulu aller trop vite et trop loin ? Il acceptera donc sans aigreur et sans révolte apparente l'obligation de ne plus venir dans la maison de Victor Hugo. Mais, s'il ne souffre pas dans son orgueil, il souffre dans son amour, il va de nouveau cesser de voir la femme aimée. Aussi n'aura-t-il plus qu'une pensée et qu'un but : guérir Victor Hugo de ses soupçons, reconquérir sa confiance et parvenir à faire lever la terrible interdiction. Victor Hugo ne l'aura jamais vu plus zélé, plus prévenant, plus attentif à lui complaire. Mettons à part, — tout à fait à part, — la question de sincérité, Sainte-Beuve fera tout pour convaincre Victor Hugo qu'il a en lui le plus tendre et le plus dévoué de ses amis.

**

Quelques jours à peine après la douloureuse explication, une occasion se présentait à Sainte-Beuve d'être agréable au poète. Pour reconnaître le service que Victor Hugo lui avait rendu en l'introduisant à la *Revue des Deux Mondes*, il eut la pensée de lui consacrer le premier article qu'il y écrirait, et, docilement, il lui en demande la permission.

Ce mardi (19 juillet 1831).

« Mon cher ami,

« Buloz me tourmente pour un article ; il voudrait que je lui en fisse un sur vous. J'ai pensé que cet article biographique repris, complété, développé surtout dans les dernières parties, avec un jugement littéraire, ferait l'affaire de Buloz ; mais serait-ce la vôtre, mon ami ? Cela vous accommoderait-il ? Il désirerait aussi que la pièce dont j'ai cité quelques vers sur votre naissance [1] s'y trouvât, sinon entière, du moins en grande partie ; ce serait peut-être une manière de lui payer ce que vous lui avez promis. Dans le cas où vous consentiriez, seriez-vous assez bon pour me renvoyer cette pièce ? Un mot de réponse, n'est-ce pas ?

1. Il s'agit de la poésie, aujourd'hui célèbre, qui ouvre les *Feuilles d'automne*

Ce siècle avait deux ans......

Et dites-moi aussi, mon ami, comment vous allez, si vous êtes plus content, si les nuages s'en vont de ce front et les soupçons de ce cœur, si j'y ai toujours une place, mais une place moins cruelle pour vous et moins irritante. Mon ami, dites-moi un mot de tout cela, et croyez toujours à ma pensée qui vous suit et à mon dévouement pour tout ce qui vous touche.

« Votre ami,

« SAINTE-BEUVE. »

Victor Hugo, en d'autres temps, eût accueilli avec empressement et joie l'annonce d'un important article utile à sa renommée ; il ne répondit qu'avec une indifférence mélancolique :

Ce 21 [juillet 1831].

« J'ai les yeux si malades, cher ami, que j'y vois à peine pour vous écrire. Je reçois votre lettre en rentrant de la campagne où j'étais allé passer quelques jours dans l'espoir d'y trouver des distractions, qui m'ont fui là comme ailleurs. Je n'ai plus qu'une pensée, triste, amère, inquiète, mais, je vous jure, pleine au fond de tendresse pour vous.

« Voici les vers que vous me demandez. Faites-en tout ce que voudrez, comme vous le voudrez. Vous êtes mille fois trop bon de vous occuper encore de moi. J'en suis toujours bien fier et plus profondément touché que jamais. Mais surtout aimez-moi et plaignez-moi.

« Votre frère.

« VICTOR. »

On le voit, Victor Hugo était encore dans cet état d'accablement qui suit les grands orages. La paix de son foyer, que l'on a vu si heureux, avait été profondément troublée. Mme Victor Hugo était, elle aussi, vivement affectée et des angoisses jalouses de son mari et du bannissement de son ami. Elle était d'ailleurs physiquement souffrante, fatiguée par l'allaitement de sa petite Adèle et par des douleurs de reins qui se prolongèrent plus de deux années après ses couches. Son chagrin en voyant souffrir, et souffrir par elle, deux êtres chers n'était pas fait pour rétablir sa santé.

Au mois de juillet, les répétitions de *Marion de Lorme* au théâtre de la Porte Saint-Martin rappelèrent Victor Hugo à sa tâche, à son œuvre. Sainte-Beuve, jusque-là plus que froid pour tout ce qui était du théâtre, parut s'intéresser vivement à la pièce et tint à ce que Victor Hugo ne pût douter de sa sollicitude. Il s'arrangea pour le voir souvent au dehors, soit chez des amis communs, soit dans quelque restaurant où ils convenaient de dîner ensemble.

Il avait assisté dans le temps à la lecture de *Marion* et pouvait en parler en connaissance de cause. La question était fort controversée parmi les amis de savoir s'il était bien que Didier ne pardonnât pas à Marion. Au sortir d'un entretien où Victor Hugo lui avait parlé d'un propos que Sainte-Beuve aurait tenu à ce sujet, Sainte-Beuve se demanda si ce propos n'avait pas au fond mécontenté le poète, et, inquiet, lui écrivit sur-le-champ pour s'en expliquer :

[Août 1831].

« Je réfléchis, mon cher ami, que vous m'avez
dit tantôt que madame Deschamps vous avait
dit que je lui avais dit que vous n'aviez pas de
sensibilité. Cela est une sottise que je n'ai pu
dire et que vous ne croyez pas.

« Cependant, comme il ne faut pas laisser
pousser ces mauvaises herbes de rapports sur le
chemin de l'amitié, je vous dirai que c'était, je
ne sais quel dimanche, chez Nodier, que, parlant à madame Deschamps de votre admirable
drame et répondant à ses questions, j'en vins à
exprimer le jugement que voici, pour le sens :
Que le personnage essentiel était un Didier, un
autre vous-même, encore plus passionné que
sensible, qui dit à sa maîtresse : je vous aime
ardemment et non *tendrement;* profond, fort,
irrévocable ; que sa conduite à la fin, son refus
de pardonner à la pauvre fille et de l'embrasser,
brisait le cœur et l'écrasait plutôt que de le
fondre en larmes. N'en concluez pas du tout
que je préférasse un dénouement plus élégiaque
à ce coup de massue dramatique ; mieux vaut

Eschyle qu'Euripide. Mérimée disait, je crois, que c'était bien fait de tuer ce Didier qui était si dur pour cette pauvre Marion. C'est assez mon avis aussi ; et j'en tire sujet d'admirer comment vous avez d'une main intrépide mené à terme ce merveilleux et colossal caractère. Voilà tout mon jugement.

« Et là-dessus, soyez sûr que je n'aurai jamais qu'une façon de parler comme de penser de vous aux amis et ennemis.

« S.-B. »

Bien que Sainte-Beuve tienne pour le pardon de Didier, on voit avec quels ménagements, en quels termes flatteurs, il parle du poète et de l'œuvre : le drame est admirable, Victor Hugo est Eschyle, Didier est un merveilleux et colossal caractère. Il n'était pas coutumier de cette louange sans réserve. Victor Hugo se rangea d'ailleurs à l'avis de ses amis et de Sainte-Beuve lui-même, et Didier, comme on sait, pardonne à Marion de Lorme.

La première représentation approchait. Sainte-Beuve se mit à la disposition de son ami pour les services qu'il pourrait lui rendre :

5 août 1831.

« Mon cher ami,

« Est-ce bien sûr qu'on donne *Marion* lundi ou mardi ? Vous serez bien bon de ne pas m'oublier pour la répétition générale ; je ne parle pas de la première représentation. Mais je voudrais voir la répétition, il y a un acte que je ne connais pas, tel qu'il est refait, le cinquième. Il y a si longtemps que je n'ai entendu toute la pièce, qu'elle me fera une impression fraîche et presque vierge.

« Je voudrais bien, mon ami, pouvoir vous être bon à quelque chose dans ceci, mais je ne vois pas à quoi. Si vous aviez quelque service pour lequel je vous fusse bon, j'éprouverais une vraie reconnaissance de vous voir me le demander.

« J'espère que vous êtes bien, et que Madame Hugo se rétablit. Je joins ici la pièce que vous avez eu la bonté de me livrer et dont j'ai fait usage. Vous recevrez cette *Revue* dans deux ou trois jours.

« Adieu, mon ami, votre succès me paraît trop certain pour ne pas vous en féliciter d'avance, mais, allez, j'apporterai à cette pièce de bien autres émotions que des émotions littéraires.

« Toujours à vous de cœur.

« SAINTE-BEUVE.

« Ce vendredi. »

La représentation de *Marion de Lorme* eut lieu le 11 août 1831. Sainte-Beuve y prit sa place au milieu des combattants d'*Hernani* et ne fut pas le moins chaud d'entre eux.

A quelques jours de là, il publiait dans la *Revue des Deux Mondes* son article biographique et critique sur Victor Hugo, où il racontait et célébrait le poète, où il mettait en lumière, avec la ferveur d'autrefois, ses travaux et ses luttes, son génie, sa grandeur morale. Il allait jusqu'à le louer d'avoir élargi son essor, d'avoir, « par *Hernani*, abordé le drame et, par le drame, la vie active ! ». Que pouvait-on demander de plus à cet ennemi du théâtre ?

*
* *

Voilà comment, vers ces jours de 1831, Sainte-Beuve s'efforçait, en paroles et en actions, de servir la gloire de Victor Hugo ; voilà quel zèle il déployait ; voilà ce qu'il faisait.

Est-ce là aussi ce qu'il pensait ?

La question ne semble guère facile à résoudre. Nous avons parlé de la simplicité d'âme de Victor Hugo, l'âme de Sainte-Beuve est au moins double, et il faudrait un regard bien clairvoyant pour en pénétrer les replis. Mais nous avons ici un témoignage qui pourra nous y aider.

Il y avait alors un écrivain distingué, fort oublié aujourd'hui, Fontaney, collaborateur de la *Revue des Deux Mondes* et de la *Revue de Paris*, lié avec la plupart des célébrités du temps. Fontaney écrivait, pour lui seul et sans en parler à personne, un curieux journal, qui sera prochainement publié sous ce titre : *Journal romantique*, et où, de 1831 à 1837, il note chaque soir ses impressions, ses entretiens, ses visites, tous les faits littéraires, grands et petits, du jour.

Nous ouvrons ce Journal et, à la date du 31 octobre 1831, nous lisons :

«... Puis j'allais chez Sainte-Beuve, Buloz et Bocage m'ont pris et mené dans leur cabriolet. — Je suis resté longtemps avec Sainte-Beuve. Nous avons bien causé de l'art et des artistes, et de tout. « Il est fâcheux et triste, disait-il, de vivre d'art, avec l'art!... L'art pur ne peut pas ainsi durer. » Il me reconduisait, nous parlions de Victor : « C'est un misérable », m'a-t-il dit. — Et il m'a fait d'étranges confidences : « Victor s'est fait jaloux! et par orgueil! et voilà la maladie de sa femme! » — Il dit qu'il n'y a nul lien au fond de son âme, mais il n'y a que du granit, du fer! Et lui, le pauvre Sainte-Beuve, il aimait et s'est séquestré ensuite! — Il y eut des explications, puis des lettres vives, il y eut absence; alors, pour se distraire, Sainte-Beuve fit de la politique et du saint-simonisme, puis il fut rappelé, puis banni de nouveau et à jamais; — Adèle fut enfermée; et ils ne se voient plus; s'ils se voyaient, il faudrait du sang, des coups d'épée. »

« *C'est un misérable!... Il n'y a dans son âme que du granit, du fer!* » Voilà en quels termes Sainte-Beuve parlait de Victor Hugo au moment où il lui prodiguait tant de marques de dévouement. Et, dramatisant la situation : *Il faudrait du sang, des coups d'épée!* Le men songe s'ajoute à la rodomontade : on n'enferme pas une maîtresse de maison, mère de quatre enfants ; les maux de reins dont souffrait Mme Victor Hugo étaient une raison suffisante pour l'obliger à garder la chambre.

Mais, avant tout, que penser de cette confidence si grave faite, sur le pas de la porte, à un visiteur qui n'est même pas son intime? On y constatera du moins l'aveu qu'à la fin de 1831, Sainte-Beuve n'avait pas revu Mme Victor Hugo.

.·.

Le fait de cette séparation prolongée est peut-être aussi l'explication de l'humeur acerbe de Sainte-Beuve. S'il ne pouvait plus franchir le seuil de Victor Hugo, Sainte-Beuve n'avait pas cessé de voir les amis, qui, plus heureux que lui,

étaient restés les familiers de la maison, Louis
Boulanger, Robelin... Il les interrogeait avidement; il apprenait d'eux, non sans amertume,
que tout nuage semblait s'être dissipé entre
Victor Hugo et sa femme.

Nous avons sous les yeux une lettre de 1831,
écrite par Adèle à son mari. Victor Hugo
est aux Roches, où il est allé entretenir
Mlle Louise Bertin de son opéra *la Esmeralda,*
dont il est déjà question. Mme Victor Hugo a
été obligée par son mal de rester à Paris avec
les enfants. Voici quelques phrases de sa
lettre :

« ... Je pense te voir ce soir, car sans cela,
tu m'aurais écrit... — Boulanger est venu hier
soir, il est parti vers 7 heures 1/2 : Nous avons
beaucoup parlé de toi... — J'ai beaucoup souffert des reins hier soir... — Adèle en ce moment
fait un ramage charmant dans son lit et dit
papa, papa... — La maison est bien triste quand
le maître n'y est pas, tout ici est vide, l'âme y
manque. »

Victor Hugo, de son côté, avait recouvré
toute sa sérénité. Depuis qu'il ne voyait plus
Sainte-Beuve auprès de sa femme, depuis qu'il

n'avait plus à s'inquiéter de regards échangés ou de mots à voix basse, il n'avait plus qu'à penser à poursuivre en paix son travail qui était la nécessité de sa vie. Qu'on l'en plaigne ou qu'on l'en raille, il ajoutait foi aux protestations de Sainte-Beuve; il croyait à l'amitié, à l'honneur, au sacrifice : il avait ce ridicule. Pour ce qui est de sa femme, il la connaissait bien, il connaissait la droiture de son caractère et l'élévation de ses idées, il la savait incapable de dissimulation et de mensonge, il avait en elle une confiance qui ne se démentit pas un seul instant dans tout le cours de sa vie.

Plus Sainte-Beuve s'irritait de voir le bon accord rétabli entre le mari et la femme, plus il était ardent à désirer son rappel pour recommencer la lutte. Et il redoublait de prévenances envers celui qu'il accusait avec tant d'injustice et d'âpreté.

.

Fontaney écrit dans son Journal, le 4 novembre :

« Je rencontre, en revenant, sur le Pont
Royal, Victor allant, dit-il, chez Sainte-Beuve ;
— il y a sans doute à l'horizon quelque nouvel
orage. »

L'orage n'était pas bien terrible, et Victor
Hugo n'allait point chez Sainte-Beuve pour le
sommer d'avoir à constituer des témoins, mais
tout bonnement pour lui parler des *Feuilles
d'automne* dont il achevait en ce moment de
corriger les épreuves.

Il envoyait, avec une dédicace amicale, un
des premiers exemplaires à Sainte-Beuve, qui
aussitôt lui écrivit :

Ce samedi.

« Mon cher ami,

« Renduel m'a apporté ce matin votre livre
avec la suscription que vous avez bien voulu y
mettre et qui m'a fort touché. Depuis tantôt
trois heures, je le lis, le dévore, me prenant
aux pièces pour moi nouvelles, ou me replon-
geant aux anciennes. Vous ne pouvez savoir
combien tout ce qu'il y a d'intime, de grave,

d'irréparable dans les émotions que vous exhalez m'a été au cœur et y demeurera.

« J'aurais grand bonheur à en parler après Nodier, Nisard et autres qui le feront mieux, mais non plus sincèrement, plus cordialement je vous assure.

« Je vous prie de croire, malgré ces absences et ces silences qui dorment comme des fleuves infranchissables entre nous, au sentiment durable et profond qui me reporte sans cesse à votre Élysée dont j'étais alors, comme ces ombres que l'antique fatalité nous montre tendant encore les bras au passé, *ripæ ulterioris amore*.

« On me dit de toutes parts que madame Hugo va mieux et que sa santé parait se réparer; c'est pour moi une bonne nouvelle à laquelle j'ai besoin de croire.

« Adieu, mon cher ami, soyez heureux, vous et tout ce qui vous touche.

« Je reste à vous de cœur,

« SAINTE-BEUVE. »

Sainte-Beuve parle à Victor Hugo avec mélancolie de ces « absences qui dorment entre

eux comme des fleuves infranchissables ».
Victor Hugo va protester peut-être contre le
mot *infranchissables*; il remarquera de quelle
façon simple et aisée Sainte-Beuve s'occupe de
Mme Victor Hugo, de son retour à la santé, de
l'intérêt qu'il y porte. La lettre fera bon effet,
il faut que l'acte y réponde. Et tout de suite,
avec un empressement merveilleux, il se met
à son article sur les *Feuilles d'automne*. Il en
connaissait déjà nombre de poésies; il devancera
Nodier, il devancera Nisard; le livre avait paru
dans les premiers jours de décembre, l'article
parut dans le numéro du 15 décembre de la
Revue des Deux-Mondes.

L'article est de tous points excellent. Le critique l'entame, il est vrai, par une digression
littéraire où, avant de parler de la poésie, il
s'étend complaisamment sur les services que
lui rend la critique, surtout une critique mili-
tante, qui la *découvre*, l'explique, la défend, la
prône, et à laquelle la poésie doit la reconnaissance du guerrier au héraut d'armes. Après
quoi, Sainte-Beuve exprime encore sa joie de
voir le lyrique des *Feuilles d'automne* tenir, et
au delà, « les promesses magnifiques » que lui,

Sainte-Beuve, il avait « jetées au public » pour le lyrique des *Odes et Ballades*. Mais, sa part ainsi faite, il en vient au livre, et son article est le meilleur, le plus substantiel, le plus pénétrant qu'il ait consacré à Victor Hugo.

Sainte-Beuve détestait tout ce qu'il ne comprenait pas, et c'est pourquoi il détestait le théâtre. En revanche, s'il n'était pas poète, il comprenait à merveille la poésie et il savait l'admirer. Il parla des *Feuilles d'automne* en termes éloquents et convaincus. Il dit la nouveauté et la beauté de la forme ; il dit aussi la pensée profonde, la tristesse envahissante, le doute à la place de la foi, l'inquiétude à la place de l'espérance ; il osa, par opposition, rappeler la « verte confiance d'autrefois, la croyance ardente... *la mystique idolâtrie pour un seul être voilé...* » Qui donc cependant avait jeté les premières cendres sur cette flamme ?

Tout cela relevé de la louange la plus délicate et la plus caressante, une louange sans réserve, et qui marque le ferme propos de servir l'œuvre et de satisfaire le poète.

On n'a aucune lettre de remerciement de Victor Hugo, mais assurément Fontaney eût

pu, vers ces jours-là, le rencontrer encore
allant chez Sainte-Beuve, cette fois pour le
remercier de vive voix avec effusion.

* *

Nous sommes en décembre 1831. Sainte-
Beuve, qui, dans ses lettres, ne parle de
Mme Victor Hugo que pour demander de ses
nouvelles, n'a pas cessé un instant de penser à
elle. Il écrit le 18 décembre à son ami d'enfance l'abbé Barbe :

« ... J'ai eu bien des douleurs dans ces derniers mois. La passion que je n'avais qu'entrevue et désirée, je l'ai sentie, elle dure, elle est
fixée, et cela a jeté dans ma vie bien des néces-
sités, des amertumes mêlées de douceurs, et
un devoir de sacrifices qui a son bon effet, mais
qui coûte bien à notre nature. »

Quand donc pourra-t-il se rapprocher de
celle qu'il aime? Des mois s'étaient écoulés, il
avait tout fait pour rentrer en grâce, il avait
écrit ce chaleureux article sur les *Feuilles
d'automne;* est-ce qu'il n'avait pas mérité de
retrouver l'accès de la maison interdite?

Une raison se présenta, ou tout au moins un prétexte pour sonder de ce côté le terrain. En avril 1832, le choléra sévissait à Paris et faisait de nombreuses victimes. Sainte-Beuve écrivit à Victor Hugo, se disant fort inquiet — il l'était sans doute — pour des êtres chers dont « un mur sacré » le séparait. Il ne demandait pourtant pas à les voir, il se bornait modestement à solliciter la permission — dont il n'avait évidemment pas besoin — d'envoyer chaque jour prendre de leurs nouvelles.

Ce samedi [8 avril 1832].

« Mon cher ami,

« Si j'ai regretté quelquefois l'absence qui noùs sépare, comme un mur sacré, c'est dans des moments comme ceux-ci qu'elle me parait douloureuse et presque affreuse, surtout quand une maison où il y a tant de têtes, et pour moi tant de sujets de sollicitude, me reste chose lointaine et inconnue.

« Si je l'osais, mon ami, et que je pusse espérer que vous le trouvassiez bon, j'enverrais

tous les matins savoir comment va toute votre
chère famille; car pour vous je crains peu par
la raison qu'a dite *Jean Paul;* votre pensée
intérieure, quoique déjà si magnifiquement
produite, vous sert de sauvegarde par ce qui
reste encore à développer.

« J'ai bien à vous remercier de vos beaux
volumes. Renduel a dû vous dire mon désir
d'en parler : Je ferai l'article comme pour les
Débats; je ne m'y suis pas encore mis, un peu
distrait que je suis; mais j'y vais songer lundi.
Je cherche seulement *Han* et *Notre-Dame* que
j'ai eu la bêtise de prêter à je ne sais qui.

« Mais je voudrais bien auparavant être tran-
quillisé sur vous et sur les vôtres. Je serais
vraiment heureux, si j'osais envoyer demander
à votre portier chaque matin des nouvelles.
Mais c'est enfantillage à moi de vous dire cela,
n'en riez pas trop.

« Tout à vous de cœur, mon ami.

« SAINTE-BEUVE. »

Sainte-Beuve pouvait espérer que Victor
Hugo, reconnaissant de ses soins, touché de
sa sollicitude pour les siens, lui permettrait de

venir aux nouvelles lui-même. Victor Hugo n'en fit rien et sans doute aima mieux aller en personne rassurer Sainte-Beuve sur la santé de sa famille.

.*.

Sainte-Beuve ne se découragea pas. Peut-être Victor Hugo avait-il à lui reprocher maintenant un peu de négligence au sujet de cette nouvelle édition des Romans dont Sainte-Beuve avait promis à l'éditeur Renduel de parler et dont il ne parlait pas. Mais, sur une lettre que Sainte-Beuve reçoit de Victor Hugo, son empressement se réveille.

Ce dimanche (avril 1832).

« C'est moi, mon cher ami, qui me disposais à vous écrire pour vous demander de vos nouvelles, pour vous prier d'excuser le long retard que j'ai mis à faire une chose bien agréable pour moi et que j'espère bien vous envoyer à lire à la fin de la semaine, sans faute. Mais vous savez comme on remet involontairement et de quelle façon, malgré nous-mêmes, les jours et les semaines s'accumulent sur le plus doux et le plus facile projet. Mais je me suis promis formellement d'avoir fini pour samedi prochain; j'en ai le ferme propos et vous le recevrez *ce jour-là*.

« Voilà ce que j'allais vous écrire pour m'excuser auprès de vous, quand votre bonne lettre m'est arrivée. De tous vos compliments, j'aime et je prends ce qui les dicte, ce que l'absence, je commence à l'espérer plus que jamais, laissera vif, intact et inaltérable entre nous.

« Tout à vous, mon ami.

« SAINTE-BEUVE. »

Cette fois, Sainte-Beuve tint parole, il termina au jour dit son article sur les Romans, qu'il envoya inédit à Victor Hugo. Et, dans le post-scriptum de la lettre qui accompagnait l'envoi, il glissa une nouvelle invite : voilà Cousin qui, ignorant le cruel arrêt, avait eu l'idée d'emmener Sainte-Beuve dîner chez Victor Hugo avec lui! — Qui sait si Victor Hugo ne voudrait pas donner son agrément à cette bonne pensée de Cousin?

Ce samedi, 6 heures [avril 1832].

« Voici, mon cher ami, ce méchant article que je vous ai tant fait attendre. Vous verrez que *Notre-Dame la critique* y a pris ses ébats sur *Notre-Dame* et que c'est presque un article méchant. S'il vous paraît toutefois trop faux sur quelque point, soyez assez bon pour me le faire dire par Renduel ou par un mot de vous. S'il peut rester dans quelque journal, aux *Débats* ou ailleurs, seriez-vous assez bon pour demander ou faire demander comme condition *qu'on m'envoie l'épreuve,* car c'est très essentiel pour un article de cette sorte, si l'on ne veut pas qu'il arrive au public parfaitement ridicule. Il faut prendre garde aussi d'en perdre, car il ne m'en reste qu'une incomplète copie.

« J'espère, mon ami, que vous allez bien, vous et les vôtres. Dites-moi que vous me pardonnez cet article.

« Tout à vous de cœur.

« Sainte-Beuve. »

« Cousin, que j'ai rencontré au Luxembourg

l'autre après-midi, m'a fait mille sortes d'amitiés et d'éloges pour vous; il voulait presque m'emmener dîner chez vous avec lui : il m'a causé prodigieusement de Gœthe, et après Gœthe de vous. »

.˙.

Nous avons reproché à Sainte-Beuve sa duplicité; à côté de ce qui lui fait tort, nous ne devons pas omettre ce qui lui fait honneur. Son article sur les Romans fut pour lui l'occasion de montrer et son désintéressement et la fermeté de ses idées libérales.

Victor Hugo usa de son influence près de M. Bertin pour faire insérer l'article au *Journal des Débats*. C'était une façon d'introduire Sainte-Beuve dans ce journal, alors si important. Mais le journal était monarchique et conservateur; Sainte-Beuve, qui écrivait au *National*, journal de Carrel, journal républicain, se défie des *Débats*; il songerait plutôt, de son côté, à planter le drapeau romantique au *National*, très rétrograde en littérature.

Ce jeudi [10 mai 1832].

« Mon cher ami.

« Si les *Débats* n'acceptent pas l'article d'emblée, je suis bien sûr que, sous un prétexte ou un autre, ils l'ajourneront indéfiniment et ne le mettront pas. Je vous avoue que, d'après la connaissance que je crois avoir de ce que c'est que la boutique d'un journal, et d'après l'espèce de défaite d'un article probablement commencé par je ne sais quel de leurs rédacteurs, il ne me paraît guère probable qu'ils consentent à l'insertion : le mieux alors serait de le leur redemander vite. Je ne vois pas pourquoi il ne passerait pas au *National,* où il deviendrait un bon piédestal et où ce serait une espèce de bombe dans les glaces polaires de leur littérature.

« Voyez si ce dernier parti vous convient; dans ce cas, veuillez me renvoyer le morceau et j'entamerai la négociation de mon côté.

« Tout à vous de cœur. J'espère que vous allez tous bien.

« SAINTE-BEUVE. »

Victor Hugo insiste cependant; il affirme à Sainte-Beuve qu'il n'a proposé l'article aux *Débats* qu'avec une extrême réserve et en maintenant tous les privilèges dus au talent de Sainte-Beuve. L'article, s'il l'exige, sera accepté sans être lu. Victor Hugo ajoute :

« M. Bertin est on ne peut plus disposé à insérer, et je suis persuadé que l'article passera. Sinon, je compte sur votre bonne volonté pour le *National*.

« J'ajouterai ici, en confidence, que le désir de vous avoir aux *Débats* comme rédacteur littéraire me paraît très grand et perce dans tout ce qu'on me dit. Qu'en pensez-vous de votre côté? »

Sainte-Beuve ne serait entré aux *Débats* que pour faire de la critique littéraire, et c'était le journal qui rétribuait le plus largement ses rédacteurs, tandis qu'au *National*, on ne travaillait guère que pour l'honneur. Sainte-Beuve répond pourtant aux instances de Victor Hugo par la très honorable lettre que voici :

Ce vendredi [18 mai 1832].

« Mon cher ami,

« Renduel m'avait dit effectivement tout le soin que vous preniez par rapport à ce qui me concerne dans l'affaire de l'insertion, et en vérité vous êtes bien bon de vous occuper à ce point de moi dans une circonstance où je n'avais pour but que de vous satisfaire. Oui, mon Dieu, que M. Bertin lise l'article ; ce que je désire le plus, c'est qu'il le mette ; mais s'il ne le mettait pas, ce ne serait pas de son refus par rapport à moi, mais par rapport à l'objet voulu, que je serais contrarié.

« Quant à la disposition bienveillante dont vous me parlez, j'en suis sincèrement touché et reconnaissant, surtout après cette conduite assez brutale (au point de vue privé) dont je me suis avisé. Je sais mieux que personne que les *Débats* sont le seul journal quotidien où la littérature ait la place convenable et toute liberté : mes petits intérêts de finances comme mes goûts littéraires seraient parfaitement d'accord là-dessus.

« Mais il y a autre chose ; j'ai, à tort ou à raison, des idées autres que celles des *Débats* sur la manière de pousser en avant la civilisation, d'émanciper le peuple ; je prends davantage les choses par le côté des sacrifices, des risques généreux, et d'une vérité et d'une équité plus inflexibles, quoiqu'aussi sujettes à l'erreur. Travailler, même littérairement, à la réussite d'un journal dont l'effet général est contraire à ces sentiments, voilà toute la difficulté pour moi et le scrupule. Orner pour ma part et autant que je puis ce que je crois, en somme, peu bon à propager, mêler une goutte de miel de plus à l'attiédissement public, telle est encore une fois mon objection. Vous la devez sentir, mon ami. Mais je voudrais séparer de ce jugement abstrait le sentiment de profonde reconnaissance personnelle que m'inspire ce que vous me rapportez.

« J'espère que vous allez tous bien, et je suis tout à vous de cœur, mon ami. »

*
* *

Une autre occasion permit encore à Victor

Hugo et à Sainte-Beuve (on n'ose plus dire aux deux amis) de s'unir généreusement pour une cause de justice et d'humanité.

Une jeunesse ardente, à qui la République avait échappé en 1830, avait essayé de la reprendre en 1832. L'insurrection de juin venait d'ensanglanter Paris; l'état de siège avait été proclamé.

Sainte-Beuve écrivit un jour à Victor Hugo :

7 juin, quatre heures.

« Mon cher ami,

« On est décidé, au *National*, à rédiger une déclaration des écrivains en faveur de l'indépendance de la presse à l'occasion de l'état de siège. Lerminier rédige cette déclaration et dans les termes les plus généraux, pour comprendre les diverses nuances de l'opinion libérale. On désirerait le plus de noms honorables, voire même illustres. Ampère va demander la signature de M. de Châteaubriand; on me prie de demander la vôtre.

« On sera au *National* vers neuf heures. Un mot de vous ou votre présence seraient excellents, quelque chose, enfin, qui autorisât à mettre votre nom à l'acte.

« A vous de tout cœur,

« SAINTE-BEUVE. »

Victor Hugo répondit aussitôt par ce billet :

Ce 7 juin, dix heures du soir [1832].

« Je rentre, mon cher ami ; l'heure de rendez-vous au *National* est passée. Mais je m'unis à vous de grand cœur. Je signerai tout ce que vous signerez, à la barbe de l'état de siège.

« Votre ami dévoué,

« VICTOR. »

Quatre jours après, Sainte-Beuve écrit :

Lundi, 11 juin 1832.

« Mon cher ami,

« Merci de votre réponse ; je ne doutais pas de votre adhésion, mais ç'a été inutile. — Le premier soir, on a ajourné l'insertion quoiqu'on eût signé une espèce de papier, mais il n'y avait pas assez de noms graves ; je n'avais pas encore le vôtre, ni celui de Béranger. Le lendemain, nouvelles signatures; cette fois, j'ai mis la vôtre. Mais nouvelles chicanes, objections, discussions et ajournement d'insertion.

« Je sais de vos nouvelles ce matin par Renduel; je suis allé hier soir chez Nodier, pensant que vous y seriez peut-être. Les choses ne vont pas mal, grâce à la folie de nos gouvernants; mais la folie de nos jeunes têtes les avait bien compromises, si les Guizot et Thiers ne les avaient raccommodées. Oh! mon ami, si vous daignez penser une demi-heure à ces infamies, que vos poésies politiques seront belles et flétrissantes! Comme vous les foudroierez et broierez dans leur boue, ces *barbouilleurs de lois*, bientôt *bourreaux*... Je sais que M. de Châteaubriand a écrit *ab irato* quelques pages qu'il ne pourra faire imprimer pour le quart d'heure, faute de journal et d'imprimeur, mais qu'on dit étincelantes de cette belle colère qui est un de ses bons côtés quand elle touche juste.

« Béranger me disait avant-hier : la République était en grand danger le 6, mais, le 7, Louis-Philippe a sauvé la République.

« J'aime cette unanimité des poètes contre nos hommes d'État politiques; savez-vous qu'à ce signe-là seul un gouvernement est jugé quand il a vous, Châteaubriand, M. de Lamennais contre lui? — Et aussi le second rang.

« Je vous aime,

« SAINTE-BEUVE. »

Et, le lendemain, Victor Hugo :

12 juin 1832.

« Je ne suis pas moins indigné que vous, mon cher ami, de ces misérables escamoteurs politiques qui font disparaître l'article 14 et qui se réservent la mise en état de siège dans le double fond de leur gobelet!

« J'espère qu'ils n'oseront pas jeter aux murs de Grenelle ces jeunes cervelles trop chaudes, mais si généreuses. Si les faiseurs d'ordre public essayaient d'une exécution politique, et que quatre hommes de cœur voulussent faire une émeute pour sauver les victimes, je serais le cinquième.

« Oui, c'est un triste, mais un beau sujet de

poésie que toutes ces folies trempées de sang! Nous aurons un jour une république, et quand elle viendra, elle sera bonne. Mais ne cueillons pas en mai le fruit qui ne sera mûr qu'en août. Sachons attendre. La république proclamée par la France en Europe, ce sera la couronne de nos cheveux blancs.

« ... Adieu. Nous nous rencontrerons bientôt, j'espère. Je travaille beaucoup en ce moment. Je vous approuve de tout ce que vous avez fait, en regrettant que la protestation n'ait pas paru. En tout cas, mon ami, maintenez ma signature près de la vôtre.

« Votre frère,

« VICTOR. »

*
* *

A la suite de cet incident, où Victor Hugo, qui n'était encore républicain que par ses aspirations, avait pourtant mis sa main dans la main des républicains, Sainte-Beuve, qui le veut de plus en plus avec lui, s'avise de l'engager plus avant dans l'opposition. Et voilà qu'il lui propose, sinon d'entrer au *National*, du moins d'y signer un article.

Il s'agissait d'une cause chère à Victor Hugo, la préservation des monuments de l'art ancien. Or, Louis-Philippe laissait exécuter aux Tuileries par les architectes patentés de prétendus embellissements qui étaient des actes de pur vandalisme.

Sainte-Beuve, à propos d'un album où Victor Hugo le priait de copier quelques-uns de ses vers, lui écrit :

[Juillet 1832].

« Mon cher ami,

« J'ai vu hier Magnin qui m'a parlé des Tuileries et de l'article à faire contre ces dilapidations ; il en a été question au *National*, et Carrel a dit : « Mais si Hugo voulait faire l'article lui-même, s'il le voulait signer, nous serions très heureux. » Je sais bien que vous y verrez difficulté, mais je vous redis le mot : s'il n'y avait pas trop d'objections de votre part, ce serait certainement un pied pris dans ce journal, et que Magnin et moi ferions en sorte de maintenir pour vous, lors de la représentation de vos pièces, en parlant ou faisant parler à Rolle : ce que je tâcherai de faire dans tous les cas.

« Je vous remercie bien de m'avoir envoyé, outre l'album, ma jolie petite filleule.

« Tout à vous de cœur,

« SAINTE-BEUVE. »

**

Le Roi s'amuse et les péripéties qui suivirent l'unique représentation du drame interdit donnèrent à Sainte-Beuve une occasion nouvelle de témoigner de l'ardeur de son amitié.

Victor Hugo avait écrit son drame en juin; les répétitions avaient commencé à la fin de septembre et tout de suite Sainte-Beuve avait offert au poète ses services.

Victor Hugo lui répond des Roches, où lui et sa famille recevaient l'hospitalité habituelle des Bertin; sa lettre constate que Madame Victor Hugo est maintenant rétablie.

Ce vendredi [21 septembre 1832].

« ... Nous sommes ici dans la plus grande paix qui se puisse imaginer. Nous avons des arbres et de la verdure mêlée à ce beau ciel bleu de septembre sur notre tête. C'est tout au plus si je fais quelques vers. Je vous assure que le mieux ici est de se laisser vivre. C'est une vallée pleine de paresse.

« Votre lettre pourtant m'a fait regretter Paris. Si j'avais été à Paris, nous aurions dîné ensemble dans quelque cabaret, et vous m'auriez lu votre article sur Lamartine. Vous savez combien j'aime Lamartine, et combien je vous aime. Vous êtes pour moi deux poètes égaux, deux admirables poètes du cœur, de l'âme et de la vie. Jugez combien je suis impatient de voir l'un analysé par l'autre. J'attends avidement la *Revue* du 1er octobre. C'est une chose singulière que vous m'ayez amené à désirer un journal au milieu de toutes ces belles prairies.

« ... Adieu, mon cher ami. Je n'ai pas encore besoin de votre bonne présence au *Roi s'amuse*. Comptez que j'userai de vous comme vous useriez de moi. Le premier bonheur de la terre, c'est de rendre des services à un ami ; le second, c'est d'en recevoir.

« Adieu. Je vous serre tendrement les mains.

« VICTOR. »

« Nous nous portons tous à merveille. Ma femme fait deux lieues à pied tous les jours et engraisse visiblement. »

Les répétitions du *Roi s'amuse* avancent. Sainte-Beuve se préoccupe de la pièce et demande des places pour des applaudisseurs ; cependant il commence, entre temps, à brouiller Victor Hugo avec Alfred de Vigny.

13 novembre 1832.

« Mon cher ami,

« Madame Allart désirerait pour elle et quelques personnes de sa connaissance louer une loge pour le *Roi s'amuse*. Elle ne l'a pu au théâtre. Elle me prie de vous demander s'il y aurait moyen, par vous, d'en louer une, et comment. Veuillez me répondre un petit mot, s'il vous plaît.

« De plus, j'aurais à vous demander, par
grâce, deux billets pour deux amis dont je suis
sûr, et je serais heureux que vous puissiez me
les donner pour la première. Voilà, mon cher
ami, bien des demandes.

« J'ai bien hâte de cette pièce : c'est dans dix
jours, il paraît. Je compte sur les beaux soirs
d'*Hernani*, et plus sereins.

« J'ai su que vous saviez les misères d'un
gentilhomme de notre connaissance[1] : un
homme qui en est venu là ne fera plus que de
la satire ; mais son enthousiasme et son génie
poétique sont morts. Les génies féconds sont à
l'abri de ces bassesses que j'appellerai sordides.

« Aimez-moi toujours, mon cher ami : j'espère vous voir un de ces dimanches chez
Nodier.

« Mille amitiés.

« SAINTE-BEUVE. »

Victor Hugo répond, le jour même :

13 novembre 1832.

« Toute la salle est louée, mon ami, et louée

1. Alfred de Vigny.

je ne sais trop comment à je ne sais trop qui. Cela s'est fait si rapidement que je n'y ai vu que du feu. On a cependant réservé quelques loges pour ceux de mes amis qui voudraient en louer, et je suis heureux de pouvoir en faire céder une à madame Allart. Elle pourra, la veille de la représentation (qui aura lieu le 22), faire retirer les coupons de la loge n° 5 des secondes, côté gauche. La loge est à six places.

« Je vous garde une stalle et je vous donnerai les deux billets que vous désirez. Que vous êtes bon de penser à moi et de m'aimer toujours un peu !

« Le *gentilhomme* devient, en effet, fabuleux ; mais, que voulez-vous ? Il faut le plaindre encore plus que le blâmer. Il sera bien ravi si le *Roi s'amuse* fait fiasco. C'est ainsi qu'il me paye les applaudissements frénétiques d'*Othello*.

« Vous, vous êtes toujours le grand poète et le bon ami. J'aurai grande joie à vous rencontrer un de ces dimanches soirs chez Nodier, peut-être dimanche prochain, n'est-ce pas ?

« Votre vieil ami,

« V. »

Nouvelle lettre de Sainte-Beuve, recommandant pour une loge Mme Récamier, grande faiseuse d'académiciens. Il continue contre Alfred de Vigny ses insinuations, que les amis de Vigny disent perfides et calomniatrices :

Ce mercredi [14 novembre 1832].

« Merci, mon cher ami, de votre réponse que je transmets à madame Allart, mais voici qu'Ampère me prie de la part de madame Récamier de vous supplier pour une loge : elle a assisté à *Hernani* ; elle ne voudrait pas manquer *le Roi s'amuse*. Elle va même jusqu'à désirer la loge numéro 1 du rez-de-chaussée qu'elle affectionne singulièrement. Serez-vous assez bon pour me répondre encore à ce sujet? Madame Récamier a pour vous et a eu pour *Hernani* en particulier une admiration que M. de Chateaubriand a fort partagée à cause de l'amour du vieillard.

« A propos du gentilhomme, il est revenu chez Buloz hier, insistant encore pour sa note, que Buloz a définitivement repoussée. Il avait promis seulement un mot dans la chronique. Je suis arrivé hier soir à la *Revue*, lorsqu'il était en train de fabriquer cette note et j'en ai raccommodé la phrase de peur que sa plume n'aille trop à droite ou à gauche : cela lui sauvera peut-être une brouille qu'il redoute fort. Quant au gentilhomme, il est tué moralement pour moi : et il faudrait de terribles expiations à une telle conduite et une palingénésie complète pour qu'il me revît dans son boudoir-sanctuaire, ou que son nom se trouvât dans aucun morceau signé de mon nom.

« Je suis occupé en ce moment d'un article sur Béranger, lequel a bien du sens et du goût. Je le voyais, l'autre jour, à Passy, et chaque fois il m'entretient longuement de vous, vous appréciant bien juste, je vous assure, et croyant de plus en plus au développement croissant de vos vastes facultés. Il comprend bien sa situation vis-à-vis des générations nouvelles et elles l'en récompenseront.

« Tout à vous de cœur et à bientôt, j'espère.

« SAINTE-BEUVE. »

On sait que dès le lendemain de la première
représentation, *le Roi s'amuse* fut interdit par
le gouvernement de Louis-Philippe. Victor
Hugo et ses amis s'indignèrent et protestèrent.
Sainte-Beuve fut des plus ardents et des plus ani-
més. Il voulut mettre le *National* où il écrivait
assez fréquemment à la disposition de Victor
Hugo et lui ménagea, à cet effet, une entrevue
avec son rédacteur en chef, Armand Carrel.

Victor Hugo lui écrit :

Ce samedi soir, 1ᵉʳ décembre [1832]

« J'ai vu Carrel, mon cher ami, et je l'ai
trouvé cordial et excellent. Il m'a dit que vous
n'aviez qu'à lui apporter demain un extrait de
la préface (Renduel a dû vous l'envoyer ce
soir), avec une espèce de petit article où vous
diriez ce que vous voudriez, que le tout serait
publié lundi matin dans la partie politique du
journal.

« Il m'a déclaré qu'il croyait que c'était le

devoir du *National* de m'appuyer énergique-
ment et sans restriction dans ce procès que je
vais intenter au ministère, et il a ajouté *de son
propre mouvement* que je pouvais vous prier
de sa part de faire, d'ici à cinq ou six jours,
un article politique étendu sur toute la question et sur la nécessité où est l'opposition de
me soutenir chaudement dans cette occasion,
si elle ne veut pas s'abdiquer elle-même. J'ai
grand besoin de tous ces appuis, mon cher
ami, dans la lutte où me voilà contraint de
m'engager et de persister, moi à qui vous connaissez des habitudes si recueillies et si do-
mestiques.

« ... Adieu, mon pauvre ami. Voilà bien des
services que je vous demande à la fois, et je
dois vous excéder. Mais vous êtes encore l'ami
sur lequel je compte le plus, et je demande
tous les jours au ciel une occasion de vous
rendre les bons offices de cœur que je vous
dois.

« Je me remets tout entier dans vos mains.

« Votre ami à toujours,

« VICTOR. »

Huit jours se passèrent sans que Sainte-Beuve répondît à la lettre de Victor Hugo; c'est que la poste l'avait promenée de la rue Montparnasse à Montrouge. Voilà les inconvénients de s'écrire lorsqu'on pourrait aller l'un chez l'autre et se parler! Heureusement, Renduel avait informé Sainte-Beuve, et la citation de la Préface a été insérée, non sans quelque suppression, au *National*.

Quant à l'article politique que lui demandait Victor Hugo, Sainte-Beuve s'excusait de ne pouvoir le faire; il n'avait pas d'idées nettes sur ces questions de législation théâtrale. D'ailleurs, il n'avait pas ses coudées franches au *National*.

Ce samedi [8 décembre 1832].

« ... Carrel est bien disposé, je le crois, et tient sincèrement à ce qu'il vous a déclaré. Comment se fait-il pourtant que deux ou trois phrases presque insignifiantes aient été retranchées l'autre jour? Il y a là un défilé difficile à ce journal où il faut passer au risque d'être coupé. Rien ne m'est plus pénible qu'une telle situation, où, peu sûr du terrain, je ne satisfais ni vous, ni moi, où je dois vous paraître ami timide, tandis que je tâche de n'être qu'adroit. Je vous dis tout cela, mon ami, pour que vous me pardonniez tant de démonstrations incomplètes et mesquines et n'en imputiez rien à mon amitié.

« Il me tarde de causer avec vous : je vous dirais bien que j'irai demain chez Nodier; mais je crains de ne pouvoir, car je suis souffrant, et tout préoccupé d'un voyage hâtif que ma mère est obligée de faire à son pays par cette rude saison.

« Je voudrais pourtant avant tout, mon ami, ne pas vous manquer, ne pas vous être inutile en cette circonstance, ne pas démériter auprès d'une amitié si glorieuse et toujours si chère, et qui, depuis qu'elle ne m'a plus échauffé directement, n'a pas cessé pour cela de présider à l'astre morne et mélancolique de ma vie.

« À bientôt donc, j'espère, et à toujours.

« SAINTE-BEUVE. »

.*.

Nous sommes en 1833. On répète à la Porte-Saint-Martin *Lucrèce Borgia,* qui va être la superbe revanche du *Roi s'amuse.* Sainte-Beuve assiste à une répétition et, le lendemain, écrit à Victor Hugo :

Ce mardi.

« Mon cher ami,

« Hier, tout ce que j'ai entendu de la pièce me fait augurer un succès assuré. Je ne sais où la mauvaise humeur pourrait se prendre. Il n'y a dans tout ce que j'ai entendu que cette *façon triomphante* qui m'ait fait un doute. Ne serait-il pas possible de mettre un mot tout simple : *d'une si solide manière,* quelque chose qui n'arrêtât pas ? Au reste, c'est la queue du chien d'Alcibiade, et je compte vous aller serrer la main de joie après un bon et vrai succès : le dialogue est bien franc, domestique et naturel.

« Tout à vous, mon ami,

« SAINTE-BEUVE. »

A la veille de la représentation, Sainte-Beuve répond, le 8 février, à une lettre cordiale de Victor Hugo ; il lui est plus que jamais dévoué et fidèle ; il va jusqu'à louer son drame, un drame en prose ! il va jusqu'à lui promettre de parler un jour de son théâtre !

Ce vendredi [8 février 1833].

« Mon cher Hugo,

« J'ai été bien sensible à votre bonne réponse et à ce qu'elle contenait. Je crois comme vous que c'est le coup de grâce porté à l'ancien système, mais c'est plus que cela : c'est un drame nouveau, votre drame, qui se développe aux yeux et réalise le dessein que vous en avez. Je voudrais que vous en fissiez encore un ou deux en prose, pour accoutumer tout à fait le public et lui transmettre votre pensée entière sous l'expression la plus simple...

« J'espère qu'un jour je m'enhardirai à parler de votre théâtre comme je me suis déjà aventuré dans votre roman, quoique mon domaine et mon habitation chérie soit ce monde lyrique où se rapportent les plus douces

13

années de ma vie, lorsque je les passais auprès
de vous. Un jour donc, je ferai en sorte
peut-être, sinon de vous satisfaire, du moins
de vous prouver mon effort et mon désir.

« Adieu, mon ami, et croyez-moi vôtre tout
entier.

                              « SAINTE-BEUVE. »

La représentation de *Lucrèce Borgia* fut une
victoire éclatante. Victor Hugo envoie, comme
de coutume, à Sainte-Beuve, un exemplaire du
drame avec une dédicace aimable; Sainte-
Beuve le remercie, heureux de rappeler tout
ce qui l'attache au triomphateur.

                        Ce 17 [février 1833].

« J'ai reçu avec une vive reconnaissance, mon
ami, votre *drame* et le mot si précieux pour
moi qui y est écrit.

« A travers vos croissants succès, et dans mon
absence, il m'est bon de croire à un lien
durable, à un nœud fidèle resté de vous à moi.
Je serai heureux si je puis quelque jour vous
montrer qu'il est resté bien entier de mon côté.

Le temps ne ronge point ces anneaux scellés
et comme oubliés au cœur, mais les fortifie.

« SAINTE-BEUVE. »

Enregistrons ce billet où Sainte-Beuve se
complaît à s'enchaîner lui-même par tant de
liens, de *nœuds fidèles*, et d'*anneaux scellés*;
nous verrons combien de temps vont durer
ces *liens durables*.

VII

LA RUPTURE

Il y avait plus d'un an que Sainte-Beuve
errait, âme en peine, autour de la maison de
Victor Hugo, et la maison lui restait toujours
fermée. Victor Hugo n'avait, en effet, aucune
envie de la lui rouvrir; il était désormais tranquille, il pouvait appartenir tout entier à son
travail, et il sentait bien, au fond, qu'il y aurait
quelque danger à laisser rentrer le loup dans
la bergerie. Sa sécurité, pour le présent, était
complète et il pouvait se dire que Sainte-Beuve
ne se donnerait pas tant de peines pour recou-
vrer ses entrées s'il lui était loisible de voir
librement Mme Victor Hugo hors de chez elle.
Quant à elle, elle avait assez à faire au logis

avec quatre enfants, dont l'aînée n'avait pas dix ans.

Avant de revenir à elle, finissons donc avec les relations des deux hommes.

Ainsi que nous l'avons fait pressentir, elles vont cesser peu à peu d'être aussi amicales, du moins de la part de Sainte-Beuve. Nous allons assister aux oscillations, aux révoltes et aux retours de son âme de plus en plus aigrie. Ces refroidissements intermittents se marqueront, sans beaucoup de franchise et de grandeur, par de méchants propos sur Victor Hugo dans le goût de ceux qu'il adressait à Fontaney, par des coups de patte sournois dans ses articles, par du « lâchage » au sujet des articles des autres.

Il avait acquis une grande influence dans la *Revue des Deux-Mondes,* où il partageait avec Gustave Planche le domaine de la critique. Victor Hugo, très dévoué aux siens, y recommandait et aurait voulu y introduire son frère Abel Hugo. Abel n'était pas un écrivain transcendant, mais il ne demandait qu'une place modeste et il était fort renseigné sur les questions d'histoire et d'ethnologie. Victor Hugo s'appuyait de la considération qu'on devait avoir

pour lui dans une Revue où il croyait ne
compter que des amis, Sainte-Beuve, Gustave
Planche, et Buloz lui-même. Il se trompait :
Buloz lui en voulait de ne pas se laisser enré-
gimenter dans la Revue ; Gustave Planche lui
en voulait de la préférence qu'il avait toujours
donnée sur lui à Sainte-Beuve ; Sainte-Beuve...

On sait quel fut le grand succès de *Lucrèce
Borgia*. Victor Hugo eut la pénible surprise de
lire sur sa pièce dans la *Revue des Deux-Mondes*,
un long article signé Gustave Planche qui lui
était absolument hostile. Abel Hugo, à qui
Buloz avait fait bon accueil et envers qui il
avait même pris certains engagements, se
hasarda à lui demander ce qu'il en était de ce
changement de front de la *Revue*. Buloz répondit
que l'avis de Gustave Planche sur *Lucrèce
Borgia* était le sien et que Sainte-Beuve lui-
même n'avait pas désapprouvé l'article. Abel
répéta le propos à son frère en présence de
Robelin. Mais Victor Hugo n'en voulait rien
croire : il dit qu'il ne doutait pas de Sainte-Beuve,
et que Buloz lui avait faussement attribué une
opinion qui n'était pas la sienne. Cela vint aux
oreilles de Gustave Planche, qui adressa à Victor

Hugo une lettre où il semble, lui aussi, avoir mis Sainte-Beuve en cause. On n'a pas cette lettre et nous n'en savons que ce qu'en a écrit Victor Hugo à Sainte-Beuve dans le billet suivant :

Ce dimanche (24 février 1833).

« Je vous envoie, mon ami, un passage de Planche auquel je ne comprends rien. Il faut qu'il soit fou de se figurer que j'établirai jamais, je ne dis pas la moindre solidarité, mais le moindre rapprochement entre vous, Sainte-Beuve, et lui.

« Vous savez bien, vous, que vous n'avez pas d'ami meilleur que moi.

« V. »

Sainte-Beuve répond par une explication quelque peu embarrassée. Il ne pouvait assurément opposer son veto à l'article de Planche, mais un mot dit à Buloz aurait peut-être empêché le directeur de la *Revue des Deux-Mondes* de rompre avec Victor Hugo. Le rôle de Sainte-Beuve n'apparaît pas ici bien clair entre Victor Hugo et ses amis et ennemis. Il va aussi lui conseiller de ne pas écrire à Pierre Leroux ; fera-t-il, lui, tout ce qu'il faut pour les réconcilier ?

Ce lundi [25 février 1833].

« Mon cher ami,

« Je conçois que vous n'ayez rien compris ; mais voici, je crois, l'explication. J'ai su avant-hier que votre frère Abel, en vous racontant ce que lui aurait dit Buloz au sujet de cet article, avait ajouté que moi-même je ne m'étais pas opposé à l'insertion. Je ne sais pas bien les termes dont il s'est servi ; mais la personne présente qui m'a touché un mot de cela, R..., a bien ajouté aussi que vous n'y aviez pas ajouté foi et aviez rejeté l'insinuation. Quoi qu'il en soit, j'ai dû savoir si cette interprétation officieuse venait de Buloz et je m'en suis expliqué avec lui devant Abel que j'ai rencontré à la *Revue*. Il en est résulté qu'Abel a nié avoir rien dit de tel, et je n'ai plus attaché d'importance à ce propos. Mais Planche probablement aura su cela, et il vous a écrit là-dessus.

« Quant à mon opinion sur la pièce, vous la

savez ; j'ai regretté l'article de Planche, mais du moment que ce n'était pas tel ou tel mot à rayer, mais l'article entier, j'ai dû m'abstenir de tout ce qui ressemblerait à un *veto*, dont je ne me crois aucunement le droit vis-à-vis de Planche ni de personne. J'ai tâché, dans quelques lignes de la chronique, de marquer que c'était une opinion personnelle et de rétablir le fait extérieur du grand succès de *Lucrèce*. Je me suis arrêté là où il y aurait eu contradiction évidente entre l'article et la chronique.

« Je regrette bien tous ces nuages et tracas, croyez-le bien. Je compte sur votre amitié, supérieure à tout cela, pour ne pas nous en voir séparés.

« Une chose que je regrette bien encore et qu'un mot de votre lettre avant-dernière a réveillée, c'est que Leroux se croit blessé à fond par vous pour je ne sais quoi qui se serait dit par vous sur lui à Didier la veille de *Lucrèce*. N'écrivez pas à Leroux ; je lui parlerai à la rencontre et lui dirai votre souvenir spontané qui le touchera, j'espère. Pourquoi toutes ces divisions entre des cœurs amis, faute de s'entendre ? Comme je voudrais que ces épines cessassent de croître, et que tout se rectifiât entre le génie et ceux qui l'admirent!

« Tout à vous de cœur.

« SAINTE-BEUVE. »

Victor Hugo répliqua, le même jour, et sa lettre, particulièrement nette et ferme, fera sentir à Sainte-Beuve de quelle façon loyale et sincère on doit se comporter entre amis :

25 février (1833).

« Entre vous et moi, Sainte-Beuve, il y a une amitié scellée d'une façon trop profonde et trop durable pour que les petites affaires, l'amour-propre nous divisent jamais un seul instant. Nous sommes des amis sérieux. C'est notre devoir de ne jamais ajouter foi une minute aux commérages qu'on pourrait colporter de vous à moi et de moi à vous, tantôt bêtement, tantôt perfidement.

« Vous ne doutez pas, n'est-ce pas, mon ami, que jamais votre nom ne sort de ma bouche que comme il en doit sortir, avec l'effusion de l'amitié, de l'admiration et de la tendresse la

plus fraternelle? Il me serait même impossible
de souffrir autour de moi des hommes qui ne
pensassent pas de vous comme j'en pense et
qui n'en parlassent pas comme j'en parle. Vous
êtes une de mes religions, n'oubliez jamais
ceci, et toutes les fois qu'on essaiera de venir
vous dire que j'ai parlé de vous autrement que
comme d'un frère, dites simplement : *Cela n'est
pas*.

« Je ne sais pourquoi je vous écris tout cela,
car je suis sûr que c'est tout simplement votre
pensée que je transcris ici; mais puisqu'on a
eu la niaiserie de prononcer votre nom à propos de la pauvre conduite de M. Buloz à mon
égard, j'avais besoin de vous dire, moi, que
jamais vous n'aviez été plus cher et plus présent à ma pensée qu'en ce moment où je vous
vois à peine.

« V. »

Quinze jours après, le 10 mars, Victor Hugo
écrit encore à Sainte-Beuve pour le prier d'in-
tervenir près de Buloz, toujours en froid avec
lui et qui s'en prévaut pour manquer à l'engagement pris avec son frère, Abel Hugo. —

Victor Hugo, lui, est toujours le même; la lettre
se termine ainsi :

«... J'irai vous chercher, mon ami. J'irai causer avec vous de cela et de tant d'autres choses
pour lesquelles j'ai besoin de vos conseils et
de votre amitié. Votre amitié est encore un des
meilleurs endroits de ma vie. Je n'y songe
jamais qu'avec attendrissement. Je relisais
l'autre jour les *Consolations*. Où est-il, ce beau
passé ? Ce qui ne passe pas, c'est un souvenir
comme le vôtre dans un cœur comme le mien.
Adieu, croyez bien que je n'ai jamais été plus
digne d'être aimé de vous. »

Un fait nouveau et grave s'est produit dans
la vie de Victor Hugo. Son amour pour Juliette,
la princesse Negroni de *Lucrèce Borgia*, n'a
commencé que comme un caprice; mais, dans
ce monde retentissant qu'est le théâtre, le bruit
s'en est rapidement répandu, et, dans ce même
monde généralement peu scrupuleux, un blâme
universel a atteint l'homme réputé jusque-là
impeccable. C'est à cela que fait allusion la
dernière ligne.

Quelles furent les conséquences de cette
défaillance dans l'esprit de Sainte-Beuve ? Sa
ligne de conduite vis-à-vis de Victor Hugo n'en
fut-elle pas modifiée ? Il n'aurait pas été lui-
même s'il n'avait pas essayé d'en tirer parti.

*
* *

En juin 1833, nous voyons Sainte-Beuve commencer à défaire tout doucement, au bout de
quatre mois, ces « anneaux scellés et comme
oubliés au cœur que le temps ne ronge point ».
Dans une lettre pleine de désinvolture, on le
sent qui peu à peu se dégage. Il se dérobe
d'abord à une recommandation de Victor Hugo
en faveur d'un écrivain. Il a conseillé au directeur
de la *Revue des Deux-Mondes* de se réconcilier
avec l'auteur d'*Hernani* ; il n'en peut faire davantage. Il y a eu, dans le *National*, autre feuille où
il a pied, un mot désagréable pour Victor Hugo ;
il espère que Victor Hugo l'aura ignoré ; en attendant, il l'en instruit. Il arrive enfin au véritable
objet de sa lettre ; il constate, comme au temps
de son saint-simonisme, qu'il n'est plus du
« bataillon sacré » à la tête duquel marchait

Victor Hugo, et il parle à ce propos de bannissement. Le bannissement de Sainte-Beuve n'était évidemment pas un bannissement littéraire; il ne s'en compare pas moins à un banni, « banni de l'enceinte éternelle », et ce n'est pas sa faute, si, passant par des camps divers, il est devenu « presque infidèle ».

Ce jeudi (6 juin 1833).

« Mon cher ami,

« J'ai répondu un mot à Lafon, beau-frère de M. Leclerc, qui avait joint à votre recommandation la sienne, ayant été mon camarade de collége; j'ai déjà sept articles promis pour différents livres, et probablement je ne les ferai pas tous; de plus mon roman[1]; il m'est donc impossible de prendre de nouveaux engagements. Redites-le à M. Leclerc, si vous le voyez.

« J'ai fait part à Buloz de ce que vous me dites à son sujet; s'il comprend son intérêt et si une gauche vergogne ne le retient pas, il

[1] *Volupté.*

ira chez vous et au plus tôt : je le lui ai bien
conseillé.

« J'ai lu dans l'*Europe* votre article sur le
style; c'est prodigieux comme style et par tout
ce qui touche le langage et le caractère de nos
grands écrivains que vous peignez aux yeux
par quelques traits si beaux et si choisis. C'est
une merveille qu'une telle prose, et vous en
jouez comme avec l'archet de Paganini. Il y a
une ou deux pensées qui ne m'ont pas convaincu, celle sur le drame et son rôle en ce
temps : vous savez que c'est là un de mes
aveuglements et de mes doutes. Et une autre
qui m'a paru trop sévère, quoique si bien dite,
sur la politique et les rapports de l'art avec
elle.

« A propos de politique, j'avais voulu vous
écrire dans ces derniers temps pour vous dire
combien j'avais regretté un mot qui avait passé
dans un feuilleton du *National*, et que tout le
monde, à ce journal, avait trouvé injuste. J'espère que vous aurez ignoré cela.

« Où était-il ce temps où nous allions tous
ensemble en petit bataillon sacré, vous en tête,
tous frères et unanimes, à ce qu'il semblait!

Comme chacun a été jeté depuis hors de la
ligne et mêlé à d'autres rangs, excepté vous qui
avez suivi inflexiblement votre dessein!

« Moi, mon ami, qui ne puis me faire à moi
seul une conviction littéraire, et qui ne crois
plus qu'à un certain bon sens empirique et instinct en cette matière, je me compare souvent,
dans les rangs divers et mêlés où je passe, et
avec les nuances que ma condition de critique
me force de réfléchir, à un banni qui, hors de
l'enceinte éternelle, vit tantôt chez les Vols-
ques, et tantôt chez les Osques, et auquel l'ami
du dedans doit pardonner beaucoup au milieu
de ces contacts forcés, de ces courses errantes
et presque infidèles qu'il ne dirige pas.

« Tout à vous d'amitié,

« SAINTE-BEUVE.

« Si vous aviez quelque jour de vacance,
indiquez-moi un rendez-vous où je vous trouverais vers cinq heures; nous dinerions ensemble. »

Sainte-Beuve est essentiellement ce que Balzac a appelé un *gendelettres*, et il attache une

importance extrême à tous les faits et gestes de
la critique littéraire. Victor Hugo, poète, voit
plus haut, et, sans se désintéresser de ces
questions du jour et de l'heure, il les laisse au
second plan. Il répond à Sainte-Beuve :

12 juin (1833).

« L'amitié que j'ai pour vous, vous le savez,
mon cher Sainte-Beuve, est en dehors de toutes
les questions littéraires ou politiques du monde.
Sans doute, ce serait un grand bonheur pour
moi de savoir, sur tous ces problèmes de l'art
dont la solution occupe ma vie, votre pensée en
harmonie avec la mienne, comme autrefois.
Mais qu'y faire? Nous flottons tous plus ou
moins. Ce qui ne flotte et ne varie pas en moi,
c'est mon admiration pour ce que vous faites et
ma tendresse pour ce que vous êtes.

« Vous voulez que nous dinions ensemble.
Ce sera une vive joie pour moi et je vous
dirai mille choses. Je vous écrirai le premier
jour que j'aurai de libre.

« Je vous serre la main. A bientôt. »

.*.

Deux mois s'écoulent. On ne sait à quelles inspirations obéit Sainte-Beuve, mais il est certain qu'il a perdu toute mesure vis-à-vis de Victor Hugo. Il s'exprime maintenant avec des tiers sur son compte, en termes qui sont loin d'être ceux d'un ami. Qu'on se rappelle ceux qu'il employait en parlant à Fontaney, à une époque où il avait encore à ménager Victor Hugo. Ces injurieuses paroles, qu'évidemment les amis atténuaient, furent rapportées à Victor Hugo, qui en fut profondément affligé. Il achevait en ce moment le dernier acte de *Marie Tudor*; il s'interrompit pour écrire à Sainte-Beuve :

20 août [1833].

« J'irai vous voir un de ces jours, mon cher Sainte-Beuve, j'ai besoin de vous parler. J'ai besoin de vous dire ce que je viens de dire à quelqu'un qui me rapportait, sans malveillance d'ailleurs, de prétendues paroles froides de

vous sur moi. J'ai dit que cela n'était pas, que
vous saviez bien que vous n'aviez pas d'ami
plus éprouvé que moi, ni moi que vous, que
notre amitié était de celles qui résistent à l'absence et aux bavardages, et que j'étais à vous,
comme toujours, du fond du cœur. J'ai dit cela,
et puis je me mets à vous l'écrire, afin qu'il ne
s'introduise rien à notre insu entre nous, et
qu'il ne se forme pas la moindre pellicule entre
votre cœur et le mien.

« A bientôt. Je vous serre la main. J'ai toujours bien mal aux yeux et je travaille sans relâche.

« VICTOR. »

Cette adjuration cordiale, loin de toucher
Sainte-Beuve, ne fit que l'irriter davantage; il
savait bien que ceux qui avaient averti Victor
Victor Hugo de ses propos hostiles étaient
restés plutôt au-dessous de la vérité. Voulut-il
se donner au moins le mérite de la franchise?
Il voulut plutôt faire enfin savoir à Victor
Hugo, sous ses mots toujours couverts et obs-
curs, qu'il était à bout de patience et ne pouvait supporter plus longtemps « son silence

absolu sur le fond même et la réparation de leur amitié », c'est-à-dire sur la question de son rappel.

C'est ce qu'il lui signifie dans une lettre presque insolente qui, brusquement, brutalement, veut rompre, et rompt, tous ces liens dont il s'était dit à jamais attaché.

Il manque les premières pages de cette réponse cruelle; nous n'en avons que la conclusion; mais on verra, par la réplique de Victor Hugo, que Sainte-Beuve devait encore s'y appesantir sur des dissidences littéraires, sur des petits faits sans importance, démesurément grossis. Il s'irritait contre cet ami qui avait dénoncé à Victor Hugo sa malveillance, et il ne s'apercevait pas que la suite de sa lettre allait prouver que l'ami n'avait rien exagéré, au contraire. Qu'est-ce que cet ami aurait pu rapporter d'aussi blessant que l'allusion à cette « atmosphère plus ou moins pure » qui influerait désormais sur Victor Hugo ?

Ce mercredi (21 août 1833).

. . . .

« Les événements qui sont survenus et qui

devaient faire évanouir le reste des noirs
nuages, votre silence absolu sur le fond même
et la réparation de notre amitié, m'ont de plus
en plus confirmé dans cette idée, contre laquelle je luttais, que c'était une chose finie
pour cette vie, que nous resterions amis comme
tant d'autres, comme ceux dont vous avez dit :

Et puis, qu'importe? Amis, ennemis, tout s'écoule!

« Cela étant, (chose triste!) il n'y aurait à observer que les égards et les apparences dé-
centes avec une bienveillance lointaine. Par
malheur, la littérature, infestée de ses pirates,
est là entre nous, et mille sottes nouvelles ont
chance d'échouer de mes Açores à vos Amé-
riques, et réciproquement.

« Envers vous, j'aurai toujours, croyez-le, à
moins de bouleversement insensé, tous les
égards respectueux qu'on doit à un talent si
puissant dans un homme qu'on a beaucoup
aimé et loué, les égards qu'on se doit à soi-
même en lui. Tout ce qui me paraîtra vraiment
glorieux à vous, bon à vous et aux vôtres,
n'aura jamais de témoin plus charmé que moi.

Au milieu de vos distractions de travail, de
vos soins de famille, et dans cette autre atmosphère plus ou moins pure qui a sans doute ses
influences diverses, ce que je vous demande en
grâce c'est le plus d'oubli, le plus de surdité et
de silence sur moi qu'il se pourra.

« Quant à cette amitié idéale, religieuse et
désintéressée, indépendante du temps et de
l'espace, de la vue et de la parole, et dont votre
lettre conserve encore l'empreinte, je crois
qu'il est l'heure de s'avouer sensément qu'elle
a cessé de régner : car toutes choses qui ont
un côté humain, faute de pratique, tombent à
la longue en désuétude ; ce n'est pas de ma
faute, je vous l'assure, qu'elle y est tombée : si
je savais en ce moment-ci comment la relever
autrement qu'en paroles fictives, je le ferais.

« En ces termes du moins, je reste et resterai autant que qui que ce soit, votre dévoué
ami.

« Sainte-Beuve. »

Sainte-Beuve, qui croyait connaître Victor
Hugo, s'attendait sans doute à ce qu'il répli-
quât à son injurieuse réponse, soit par un si-

lence dédaigneux, soit par quelques paroles hautaines où serait acceptée fièrement la rupture. Mais non! Victor Hugo aimait véritablement Sainte-Beuve. — Et voici ce qu'il écrivit :

22 août [1833].

« Je veux vous écrire sur-le-champ, sur l'impression de votre lettre. Je devrais peut-être attendre un jour ou deux, mais je ne pourrais.

« Vous connaissez bien peu ma nature, Sainte-Beuve, vous m'avez toujours cru vivant par l'esprit et je ne vis que par le cœur. Aimer, et avoir besoin d'*amour* et d'*amitié*, mettez ces deux mots sur qui vous voudrez, voilà le fond heureux ou malheureux, public ou secret, sain ou saignant, de ma vie, vous n'avez jamais assez reconnu cela en moi. De là, plus d'une erreur capitale dans le jugement, si bienveillant d'ailleurs, que vous portez sur moi. Vous secouerez même peut-être la tête à ceci. Cela est bien vrai pourtant.

« Vous m'écrivez une longue lettre, mon pauvre et bon ami, pleine de détails littéraires et de petits faits grossis par l'éloignement qui s'évanouiraient et nous feraient rire tous les deux après une demi-heure de causerie. J'en suis tellement convaincu que je suis sûr que vous en conviendrez vous-même après deux minutes de réflexion et que je ne m'y arrête pas. Je vous l'ai déjà écrit une fois, je crois, Sainte-Beuve, il n'y a pas de question *littéraire* entre nous. Il y avait un ami et un ami. Rien de plus et rien de moins.

« J'avoue que l'absence a produit sur nous deux des effets inverses. Vous m'aimez moins qu'il y a deux ans, moi je vous aime plus. En y réfléchissant, on voit que c'est tout simple. C'est moi qui étais le blessé. L'oubli lent et graduel de part et d'autre des faits qui nous ont séparés tourne pour vous dans mon cœur et contre moi dans le vôtre. Puisque la vie est ainsi faite, résignons-nous.

« Tout était encore tellement adhérent à vous de mon côté, que votre lettre, en m'annonçant que je n'ai plus en vous un ami, me laisse tout à vif et tout déchiré. La plaie saignera longtemps. Adieu. Je suis toujours à vous du fond du cœur. Ma consolation dans cette vie sera

de n'avoir jamais quitté le premier un cœur qui
m'aimait.

« Boulanger ne m'avait rien dit. Je vous l'aurais nommé. »

En lisant cette noble et douce réplique,
Sainte-Beuve, qui, à défaut de cœur, avait
certes la plus fine intelligence, dut sentir avec
confusion tout ce qu'il y avait d'odieux dans
sa dernière lettre. Il comprit quel triste rôle il
s'était donné. A tout prix, il fallait réparer, se
réhabiliter. Peut-être aussi, en ce temps-là,
voyait-il Mme Victor Hugo; peut-être eut-elle,
par son mari, connaissance de la lettre ingrate.
Alors elle ne put manquer, dans sa justice et
sa bonté, d'en être profondément indignée et
dut le témoigner sévèrement à Sainte-Beuve.

Le certain, c'est qu'il écrivit à Victor Hugo
une lettre de repentir, qui, malheureusement,
nous manque tout entière, mais où il devait
s'excuser, s'humilier, demander grâce. La réponse d'Hugo nous permet d'en juger :

24 août (1833).

« Mon ami, merci de votre lettre. Merci même de la première, puisqu'elle me vaut la seconde. Vous ne savez pas quel mal vous m'aviez fait et quel bien vous me faites. Mon Dieu! que ne peut-on voir le fond de mon cœur, qui est à vous plus que jamais! L'absence ne tue aucune effusion chez moi, l'amitié pas plus que l'amour. Je croyais que vous le saviez. Il y a douze ans, dix-huit mois de séparation n'avaient rendu chez moi l'amour que plus religieux et plus profond. Mon cœur n'a pas changé. Je suis encore l'homme obstiné en tout, qui aime même sans voir. Je souffre, mais j'aime. — Croyez-vous que je n'aie pas bien souffert à votre endroit depuis deux ans? Vous vous êtes souvent mépris chez moi à un certain calme extérieur.

« Ce que vous désiriez, je le désirais bien aussi, allez! Nous dînerons ensemble une fois la semaine. Nous ne laisserons aucune poussière s'amasser sur nos souvenirs et sur nos autels cachés.

« ... J'ai besoin de vous aimer et de me savoir aimé de vous. Cela est entré dans ma vie.

« J'ai une pièce [1] à finir et à livrer sous dédit d'ici au 1ᵉʳ septembre. Vous savez comme le travail me tient, quand il me tient : il faut donc que je finisse. Après quoi j'irai vous trouver ou je vous écrirai pour vous demander un jour de causerie et d'effusion. Je suis allé vous voir, il y a quelque temps. L'avez-vous su? Oh! Sainte-Beuve, deux amis comme nous ne doivent jamais *se séparer*. Ils font une chose impie. Je suis bien profondément à vous, allez! »

Sainte-Beuve écrit une nouvelle lettre de remercîment, — qui nous fait encore défaut; — Victor Hugo, tout aux dernières scènes du drame qu'il doit livrer le 1ᵉʳ septembre, répond par ce billet :

28 août (1833).

« Je veux seulement vous dire, mon ami, que je travaille, que je pense à vous, que je suis à vous du fond du cœur.

« A bientôt. Aimez-moi.

« V. »

1. Marie Tudor.

.·.

Tout est donc encore une fois renoué ; Victor Hugo invite Sainte-Beuve à venir entendre *chez lui* la lecture de *Marie Tudor* :

1ᵉʳ octobre [1833], aux Roches.

« Je vous écris de la campagne, mon ami, mais je serai à Paris lundi prochain, 7. Plusieurs de nos amis me demandent ma pièce. Je la leur lirai à sept heures du soir, place Royale. Voulez-vous en être ? Vous serez bien reçu du fond du cœur. Ce sera une soirée qui nous rappellera des jours plus heureux.

« Je vous serre la main. Nous choisirons, ce jour-là, le jour que vous me demandez pour dîner ensemble.

« Votre vieil ami,

« VICTOR. »

Pendant les dernières répétitions de *Marie Tudor*, les deux amis se virent et dînèrent ensemble. Sainte-Beuve s'entremit avec zèle pour la distribution des billets. Comme autrefois et pour la dernière fois, il assista, il combattit à la première représentation. Le drame, applaudi au théâtre, fut très discuté dans la presse. Quelques jours après la « première », Sainte-Beuve écrit à Victor Hugo : Il admire *Marie Tudor;* il proteste contre les critiques injustes qui veulent diminuer son triomphe !

Ce mardi [26 novembre 1833][1].

« Mon cher ami,

« Il y a bien longtemps que j'avais l'idée de vous écrire pour vous rejoindre depuis ce soir où je vous ai quitté sans vous retrouver le lendemain. Mais j'ai eu mille occupations et tracas ; j'en ai eu aussi de tous ces sots vacarmes qu'on suscitait, au théâtre et ailleurs, à un triomphe qui aurait dû être facile, *Marie Tudor* étant celle de vos pièces où il y a le plus d'action dramatique ininterrompue, le moins de longueurs et autres inconvénients de scène précédemment reprochés.

1. La lettre est adressée à « Monsieur Victor Hugo, place Royale, nº 8, au Marais ».

« Je voudrais bien causer un de ces soirs
avec vous, et, pour cela, que vous diniez avec
moi au même rendez-vous que les dernières
fois ou ailleurs. Vous seriez bien bon de me
dire un de ces jours de la semaine prochaine
où vous pensiez être libre. Moi, je le serai toujours.

« Tout à vous de cœur.

« SAINTE-BEUVE. »

« Je présente mes respects à Madame Hugo.»

Victor Hugo répond :

27 novembre 1833.

« Le jour que vous voudrez, mon ami, dimanche excepté. Indiquez-moi le jour seulement deux ou trois jours d'avance, et l'heure
précise, et le lieu où je vous trouverai.

« Je serai heureux de vous voir et de causer
avec vous. Je m'abriterai près de votre amitié
pendant quelques instants.

« VICTOR HUGO. »

« Renduel vous a-t-il remis votre *Marie
Tudor?* »

.·.

Cependant un nouveau nuage passa, que la mansuétude infatigable de Victor Hugo dissipa encore. En février 1834, parut l'*Étude sur Mirabeau* et Sainte-Beuve en rendit compte. Il se répandit en louanges magnifiques; mais, sous cette admiration apparente, perçait une secrète aigreur. L'éloge même était à fond hostile.

L'*Étude sur Mirabeau* est « un morceau grandiose, *tout à effets* ». C'est une de ces « sorties de talent qui gagnent des victoires, *au moins de surprise* ». Sainte-Beuve note, en vantant la force de l'écrivain, « ce qu'il y a de faussé dans sa puissance ». Plus loin, il constate « les succès *fatigués* de ses dernières pièces ». — Il y avait en ce moment contre Victor Hugo, pour un écart de sa vie privée, un déchaînement incroyable, qu'on a peine à concevoir aujourd'hui. Sainte-Beuve enregistre, sans trop s'en affliger, « les clameurs *presque unanimes* qu'a eues, depuis quelques mois, la critique contre l'œuvre de Victor Hugo, contre sa *personne*; c'était un hourrah contre lui, c'était un accablement pour lui ».

La griffe était aiguë sous la patte de velours; Victor Hugo en fut plus affligé qu'offensé. Mais, sans s'arrêter, lui, aux feintes et aux finesses, il marcha droit à ces batteries si bien ou si mal cachées :

(4 février 1834).

« Mon ami,

« Il faut être bien sûr des droits que donne une amitié comme la nôtre pour vous écrire ce que j'ai sur le cœur en ce moment. Mais j'aime encore mieux cela que le silence qui se peut mal interpréter. J'ai lu votre article, qui est un des meilleurs que vous ayez jamais écrits, et il m'en est resté, comme de notre conversation de l'autre jour chez Guttinguer, une impression pénible dont il faut que je vous parle. J'y ai trouvé, mon pauvre ami (et nous sommes deux à qui il a fait cet effet), d'immenses éloges, des formules magnifiques, mais au fond, et cela m'attriste profondément, pas de bienveillance.

J'aimerais mieux moins d'éloges et plus de sympathie.

« D'où cela vient-il? Est-ce que nous en sommes là? Interrogez-vous consciencieusement, et dites-moi si j'ai raison. Si j'ai tort, dites-le-moi aussi, et aussi durement que vous voudrez. Je serais si heureux que vous me prouvassiez que j'ai tort.

« Avant de clore cette lettre, j'ai voulu relire pour la quatrième fois votre article, et mon impression m'est restée. Victor Hugo est comblé, Victor Hugo vous remercie, mais Victor, votre ancien Victor, est affligé.

« Je vous serre bien la main,

« V. »

Que répondre à un reproche fait de cette façon amicale? Sainte-Beuve, déconcerté, se défend à côté, se rejette sur ses appréciations littéraires; mais il est bien obligé de protester, une dernière fois, de son amitié, et il reparle, à la veille de les briser à jamais, de ces « liens que rien ne peut rompre ».

[Ce 6 février 1834].

« J'ai reçu avec un plaisir mêlé de douleur votre lettre, mon ami ; votre confiance et votre susceptibilité affectueuse m'ont été au cœur et je me suis demandé si j'avais pu vouloir les blesser, tout en me réjouissant de les trouver en vous si vigilantes et si sincères. Mais non ; ce manque de sympathie dont votre amitié s'inquiète, je n'en suis pas coupable, et si je n'ai pas été d'accord avec vous, ç'a été sur des opinions et des jugements extérieurs. Dans la conversation chez Guttinguer (en me la rappelant bien) il est bien vrai qu'il y a eu contradiction entre nous, mais rien de fondamental dont je me souvienne, une variation sur le plus ou moins de bêtise ou d'esprit de M. Lucas de Montigny, et ensuite sur la plus ou moins grande difficulté du drame en nos jours. Si ma contradiction vous a semblé autre chose qu'une pure controverse d'esprit, j'aurais été bien trahi par moi-même, par mon accent, et mes paroles.

« Quant à l'article sur Mirabeau, je conviens

que l'admiration que j'ai pour certaines de ces grandes pages n'entraîne pas ma sympathie autant que d'autres écrits de vous où je suis à la fois étonné et convaincu... Je ne veux pourtant pas que vous disiez que vous n'y voyez pas de *bienveillance*. J'avoue qu'il y a dans cette nécessité de critique à laquelle je me livre toujours à mon corps défendant et qui finit par devenir mon métier, une attitude sévère et judicatrice qui ne va pas de moi à vous : mais sur ce chapitre de Mirabeau, j'ai cru devoir dire toute cette protestation contre la manière de construire les grands hommes, ce qui s'adresse à beaucoup d'autres, Lerminier, Michelet lui-même, etc., — presque tout le monde de ce temps-ci. Et je reconnais de plus que mon idée n'a que la valeur d'un amendement ou sous-amendement, c'est-à-dire ne doit servir qu'à tempérer la manière historique sans la changer. Quelques pages de votre *Étude sur Mirabeau* prêtaient, suivant moi, à l'application de cette critique que j'avais à cœur de faire depuis longtemps; et voilà que j'ai pris la chose de ce côté.

« Mais la sympathie pour l'homme, mon

ami, le souvenir de liens que rien n'a pu rompre et le sentiment de ces liens dans le présent, ce sont là des parties inviolables; je m'interdirais plutôt d'écrire que d'y porter atteinte. Si j'ai offensé en vous et affligé l'amitié, qu'elle me pardonne et croie à tout plutôt qu'à l'oubli et à l'égarement de la mienne; qu'elle croie à l'erreur d'esprit, à la nécessité d'écrire vite qui ne laisse voir qu'une face de l'idée, à une veine de contradiction comme on en a parfois avec ses meilleurs amis, avec ses opinions les plus familières qu'on s'ennuie d'entendre appeler *justes,* en un mot à je ne sais quoi, excepté à la diminution d'une amitié à qui j'ai dû tant de bonheur, à qui j'en devrai tant encore, et qui est mon premier titre, après tout, dans les lettres, comme elle a été le premier grand sentiment dans ma vie.

« Tout à vous toujours,

« Sainte-Beuve. »

Aussitôt reçue la lettre de Sainte-Beuve. Victor Hugo lui adresse, tout joyeux, ce billet :

7 février (1834).

« Je voudrais vous avoir là pour vous prendre
la main. Votre lettre est bonne. Je vous remercie, mon ami. J'ai à peine le temps de vous
écrire quatre lignes, mais je ne veux pourtant
pas laisser ce jour finir sans vous dire que vous
allez me faire passer une bonne nuit.

« V. »

Que survint-il dans les deux mois qui suivirent cette dernière reprise de bon accord et
d'harmonie? Sainte-Beuve se lassa-t-il de jouer
la comédie du dévouement? Y eut-il entre les
deux hommes quelque pénible explication où
s'échangèrent de mutuels reproches? Y eut-il,
de la part de Sainte-Beuve, résolution soudaine,
pour une cause ancienne ou nouvelle? On ne
sait; mais le fait est qu'à la fin de mars une
lettre de lui, une autre lettre violente, rompit
tout. Nous ne l'avons pas, cette lettre; mais elle

devait être plus offensante encore que celle du
21 août et il n'est pas douteux qu'elle ne fût
irréparable.

La rupture, cette fois, s'imposait définitive ;
la récidive ne laissait plus rien à espérer.

Victor Hugo, navré, fit la réponse, triste et
digne, que voici :

Mardi soir, 1er avril [1834].

« Il y a tant de haines et tant de lâches per-
sécutions à partager aujourd'hui avec moi, que
je comprends fort bien que les amitiés, même
les plus éprouvées, renoncent et se délient.
Adieu donc, mon ami. Enterrons chacun de
notre côté, en silence, ce qui était déjà mort en
vous et ce que votre lettre tue en moi. Adieu.

« V. »

VIII

COMMENT FINIT L'AMOUR DE SAINTE-BEUVE

Venons maintenant à l'autre jeu que mena
Sainte-Beuve; celui-là vis-à-vis de Madame
Victor Hugo.

On en a vu quelque chose, dès 1831, dans
son étrange confidence à Fontaney. Cette confidence ne fut malheureusement pas la seule.
Comment et pourquoi s'engagea-t-il peu à peu
dans cette voie contraire à l'honneur qui devait
aboutir à la vilaine action par laquelle il dé-
couronna sa vie? C'est ce qu'il est bon de re-
chercher.

Nous avons déjà dit un mot de l'espèce de
royauté aimable et librement consentie qu'exerçait Victor Hugo sur ses pairs et compagnons.

Tous, même les grands, l'entouraient d'une admiration affectueuse et d'un respect fraternel. A quoi tenait cette attraction qui était en lui? A ce qu'on la sentait sans qu'il la fît jamais sentir. On l'acceptait pour le maître parce qu'il était le camarade. Tous l'appelaient familièrement Victor. Il eut aussi toujours cette vertu d'admirer sincèrement, on pourrait dire ingénuement, ceux dont il était admiré. Les éloges, parfois excessifs, qu'il leur donnait, il les pensait réellement, il leur trouvait de bonne foi les qualités qu'il leur prêtait; il ne les flattait pas, il les voyait en beau. C'est ainsi qu'il s'attacha toujours les âmes.

Il suit de là qu'il y avait joie et fierté à être de l'entourage de ce souverain bon enfant; à plus forte raison de son intimité. Victor Hugo a eu de tout temps le don d'exciter la curiosité et l'intérêt même des indifférents, et ceux qui le connaissaient étaient vivement interrogés par ceux qui ne le connaissaient pas. — Que prépare-t-il? Que fait-il? Que pense-t-il? On était bien aise de pouvoir répondre quelque chose : — J'étais hier chez Victor; il est d'avis que,... — Je causais avec Victor du tableau d'Eugène Delacroix, il me disait… Et, même entre intimes, celui-là était fort envié qui avait la chance de dire : — Je suis arrivé chez Victor, il venait d'achever un monologue de Triboulet au Deux du *Roi s'amuse*, et il me l'a lu tout de suite. Ah ! vous verrez, c'est admirable ! — Il y avait donc autour du grand ami des rivalités et des jalousies. Gustave Planche s'est brouillé avec le poète, parce qu'égal de Sainte-Beuve à la *Revue des Deux Mondes*, il ne comptait pas pour Victor Hugo autant que lui.

En effet, Sainte-Beuve avait été pendant des années le préféré, le confident, *l'alter ego*, le frère ; pendant des années, il voyait Victor Hugo, non pas de temps en temps, mais tous les jours et plutôt deux fois qu'une. Et c'est pourquoi, lorsqu'il fut brusquement banni de cette maison qui était la sienne, Sainte-Beuve souffrit dans sa vanité presque autant que dans son amour. Que répondre à cette question cruelle : On ne vous voit plus chez Victor Hugo ? Les raisons ou les prétextes que lui avait proposés Victor Hugo sonnaient le faux et ne trompaient personne. Il lui était insupportable, a-t-il dit quelque part dans *Volupté*, d'entendre « gloser » sur lui à ce sujet. C'est alors que, contrairement à ce qu'eût exigé d'un galant homme la plus élémentaire délicatesse, il fut conduit à déclarer tout haut ce qui était la triste vérité : la maison de Victor Hugo lui était fermée parce qu'il aimait Mme Victor Hugo.

A ceux qui, comme Fontaney, ne connaissaient qu'à demi Victor Hugo, il ajoutait à sa confidence quelques qualificatifs injurieux pour le mari ; mais, avec les amis du cercle de Victor Hugo, il avait soin de s'en taire et se bornait à confesser ou plutôt à proclamer son amour. Il étendit même ses « aveux » hors de ce cercle, à Ampère, par exemple, à Xavier Marmier. Par bonheur, amis et étrangers, plus réservés que cet expansif amoureux, lui gardèrent tous le secret, qu'il ne leur demandait pas, et rien n'en transpira, ni auprès de Victor Hugo, ni auprès de la personne directement intéressée.

Au commencement, d'ailleurs, Sainte-Beuve se contentait de laisser entendre que son amour n'était pas repoussé ; il ne prétendait pas qu'il fût partagé, et c'est dans ces termes modestes qu'il en parlait à Fontaney. Mais, au bout d'un certain temps, comme on pouvait commencer à sourire de cette passion platonique, il dut prendre les airs et se donner le rôle d'un amant heureux.

Ce fut sur un de ses amis plus disposé à être crédule qu'il essaya cette attitude de vainqueur. Ulric Guttinguer fut son grand confident, confident non d'un jour, mais de plusieurs années.

Une singulière figure, cet Ulric Guttinguer, poëte de Normandie, romantique de province. On n'admire jamais si bien que de loin : ami de Victor Hugo, d'Alfred de Musset et de Sainte-Beuve, et justement fier de ces glorieuses amitiés, Ulric Guttinguer les flattait, les adulait, leur adressait des vers assez médiocres, plus médiocres que ceux de Sainte-Beuve. Mais il avait sur Sainte-Beuve d'autres supériorités : il était riche, il était beau, il passait pour avoir été souvent aimé.

> ... Front pâli sous des baisers de femme,

avait dit de lui Alfred de Musset. Beau ! aimé !

on pense s'il fut envié de Sainte-Beuve! Mais
quoi! Sainte-Beuve n'éclipsait-il pas d'un seul
coup toutes les conquêtes départementales de
Guttinguer, le jour où il se dit à lui, l'amant,
— de qui? d'une des plus célèbres beautés de
Paris, femme en même temps du plus admiré
des poètes!

Guttinguer fut en effet ébloui : on voit dans
toutes ses lettres que c'est lui désormais qui
enviera Sainte-Beuve.

Son rôle en tout ceci est des plus singuliers :
il était catholique et pratiquant, c'était un don
Juan dévot; il ne peut approuver Sainte-Beuve
dans son amour adultère ; il ne l'approuve donc
pas, mais il l'admire ; « il prie Dieu pour qu'il
lui laisse son coupable bonheur! » D'autre part,
quand il apprend que Victor Hugo a une maîtresse, il déplore, avec Sainte-Beuve, son égarement; il conjure Sainte-Beuve « de ne pas
l'abandonner » : « Le désordre de Victor ne
va-t-il pas troubler tout cet intérieur[1]? »

Sainte-Beuve joua encore ce jeu de la confidence avec George Sand, mais sous une forme

1. G. Michaut, *le Livre d'amour de Sainte-Beuve.*

différente. George Sand l'appelait pour le consulter sur ses affaires de cœur avec Alfred de Musset; il feignait parfois quelque embarras à venir à ses rendez-vous : il craignait, disait-il, de rendre jalouse une certaine personne... Et la bonne George Sand d'ajouter foi à cette terrible jalousie et de se résigner. Ou bien elle le prie d'obtenir de cette amante inquiète l'autorisation de voir une amie, une sœur; « qu'il la rassure », qu'il lui « ôte tout motif de souffrance [1] », qu'il lui montre leurs lettres. Il n'en montrait que ce qu'il voulait, et, de l'autre côté, tentait sans doute d'exciter la jalousie de Mme Victor Hugo, et lui parlait avec ses habituels ambages des avances de l'auteur d'*Indiana*...

.·.

Y avait-il dans ces fausses confidences une part de vérité? Nous n'entendons pas le nier. Mais, sur cette délicate question, il manque des preuves directes, des documents écrits, il

1. Correspondance de George Sand et de Sainte-Beuve.

manque les lettres de Mme Victor Hugo si fâcheusement brûlées. Toutefois, les faits connus, les lettres et les écrits de Sainte-Beuve lui-même peuvent aider à dégager de ses vanteries des probabilités à peu près certaines.

Après la crise de trois mois de 1831, où l'on a vu se former entre Adèle et Sainte-Beuve une ébauche de roman d'amour, nous savons qu'ils furent, du consentement de Sainte-Beuve, pour un temps plus ou moins long, séparés et que la ferme volonté de Victor Hugo maintint cette séparation sans fléchir. A quel moment, à son insu et contre son gré, purent-ils renouer entre eux des rapports? A quel moment se revirent-ils? A défaut de rendez-vous pris, y eut-il du moins des lettres échangées?

Nous pouvons, sur cette question des lettres, répondre *non* avec certitude. Si les lettres de Mme Victor Hugo ont été anéanties, on en a noté les dates. Il y en eut quelques-unes, huit en tout, dans les trois mois de 1831, mais elles cessèrent tout à fait ensuite et ne reprirent qu'en 1834. C'est là un point capital. En admettant qu'Adèle n'eût pas docilement accepté, comme Sainte-Beuve, la défense de son mari, il eût fallu qu'elle lui écrivît pour donner ou pour accepter des rendez-vous; ils ne se voyaient donc pas. L'aveu même de Sainte-Beuve à Fontaney nous en donne l'assurance à la fin de 1831. Pour 1832, Sainte-Beuve, nous le répétons, aurait-il pris tant de soins, aurait-il fait tant d'efforts auprès de Victor Hugo dans le seul but de faire lever son exil et de rentrer dans la maison d'Adèle, s'il avait eu facilité, ou au moins possibilité, de la voir au dehors?

Cette raison est assurément moins valable en 1833, où les prévenances de Sainte-Beuve pour Victor Hugo ont subi, on l'a vu, de fortes intermittences et où les révoltes se sont succédé jusqu'à la rupture. C'est, de plus, en février de cette année-là, au cours des représentations de *Lucrèce Borgia*, que se produisit le grave incident que l'on sait, l'amour de Victor Hugo pour Juliette, après onze ans de félicité conjugale. (Que le mari qui en peut compter douze lui jette la première pierre!)

Mme Victor Hugo fut, selon l'usage, une des plus promptement informées.

N'est-ce pas Sainte-Beuve lui-même qui lui en donna l'avis charitable? La chose n'est pas invraisemblable. Ils avaient encore l'occasion de se rencontrer chez Charles Nodier, aux soirées de l'Arsenal. D'ordinaire ils ne pouvaient, sous les yeux des habitués qui tous les connaissaient, échanger que des salutations et des paroles banales. Mais quatre mots rapides, pour une si sérieuse nouvelle, sont bien vite glissés à l'oreille, la curiosité sur-le-champ excitée et un rendez-vous offert et accepté afin d'en savoir davantage.

Quoi qu'il en soit, qu'Adèle et Sainte-Beuve se soient revus seulement en 1833 ou dès l'année précédente, la question intéressante n'est pas de savoir à quelle date a été repris entre eux l'amour ébauché, mais ce qu'a été cet amour. Est-il resté aussi sincère qu'autrefois pour lui? A-t-il été jusqu'à la faute pour elle?

Non, l'amour de Sainte-Beuve n'était plus à coup sûr le même; ce n'était plus cet amour profond, cet amour craintif et plaintif, si pur et si loyal qu'il avait pu en faire au mari la douloureuse confidence; c'était un amour volontaire, exigeant, presque agressif, impatient de sa revanche, impatient d'une victoire qu'il avait annoncée et escomptée.

Mais elle, Adèle, n'avait pas changé. Sainte-Beuve retrouvait en elle la même nature de simplicité, de bonté, de droiture. Froide peut-être, — on l'a dit, — de tempérament, elle n'était certes pas froide de cœur : elle souffrait avec tous les souffrants, à plus forte raison avec ceux qu'elle aimait et dont elle était aimée. Cette fois encore, Sainte-Beuve dut la toucher par le récit de tout ce qu'il avait tenté pour se rapprocher d'elle, de tout ce qu'il avait souffert loin d'elle, lui demandant d'être ce qu'elle avait été déjà : la consolatrice.

Quel sentiment éprouvait-elle alors pour lui ? C'était toujours de l'amitié, mais cela pouvait être devenu de l'amitié amoureuse ; elle avait eu le roman de la jeune fille avec toute sa poésie, elle pouvait rêver d'avoir le roman de la femme. Seulement, et contre le secret désir de Sainte-Beuve, le laissa-t-elle aller au delà de ce qu'admettait sa nature calme ?

Nous l'avons dit, l'amour romantique, l'amour selon le verbe de Victor Hugo surtout, a généralement la forme de l'amour pur. Il est permis de penser qu'Adèle Hugo pouvait voir l'amour à travers dona Sol et Marion ; Catarina, dans *Angelo*, « reste à la fois fidèle à son amour et à son honneur, à son amant et à son mari. »

Pour éclairer les relations reprises avec Adèle retrouvée, nous ne pouvons mieux faire que de nous aider du témoignage de Sainte-Beuve lui-même. Ce témoignage, nous l'avons deux fois, écrit précisément dans la période où nous sommes, de 1832 à 1834. Nous l'avons dans le roman *Volupté*; nous l'avons dans les poésies les plus anciennes en date du *Livre d'amour*.

« *Volupté*, dit Sainte-Beuve, est très peu un roman... Les âmes que je décrivais et montrais à nu étaient des âmes vivantes. Mme de Couaën n'est pas une invention[1]. » Couaën, c'est Victor Hugo; Amaury, c'est Sainte-Beuve (un heureux Sainte-Beuve adoré de trois femmes[2]!)

Mme Victor Hugo est reconnaissable à tous les les traits de Mme de Couaën; brune comme elle, comme elle rêveuse, distraite, mystique, ingénue; comme elle, la plus tendre mère.

1. *Port-Royal*, t. I. p. 550.
2. De même, Hervé, dans *Volupté*, c'est Lamennais; Élie, Lamartine; Maurice, Béranger; l'ami de Normandie, Ulric Guttinguer. *Volupté* est un livre à clef. — Voir le très intéressant ouvrage de M. Christian Maréchal : *La Clef de Volupté*.

« Elle avait certes une masse de sensibilité profonde, le plus souvent flottante et sommeillante, quelquefois bizarrement soulevée sur un objet, et y faisant alors idée fixe, passion, avec toutes les distractions et l'aveuglement naïf de la passion et cette belle ignorance du reste de l'univers. » Tous ceux qui ont approché Mme Victor Hugo diraient en lisant ce portrait : C'est elle !

M. de Couaën est aussi fort semblable à Victor Hugo, tel du moins que le voyait Sainte-Beuve. C'est un esprit supérieur, Amaury prononce même les noms de grand homme et de génie ; c'est un grand caractère et une volonté forte, mais il est altier et entier, cordial cependant, si ce n'est que sa tendresse confine à la fierté ; enfin il exerce une haute influence sur tout ce qui l'entoure, à commencer par Amaury : « Je l'aimais, dit-il, d'une amitié d'autant plus profonde et nouée, que nos natures étaient moins semblables. Absent, cet homme énergique eut toujours une large part de moi-même ; je lui laissai dans le fond du cœur un lambeau saignant du mien, comme Milon laissa de ses membres dans un chêne. Et j'emportai

aussi des éclats de son cœur dans ma chair. »
— Les rapports ne sont pas seulement dans le
portrait; ils sont dans le récit. Amaury met
aussi M. de Couaën dans la confidence de son
amour, et M. de Couaën le rassure d'abord et
le plaint; il ne devient jaloux que plus tard.

Si la fiction, de l'aveu de l'auteur, est si près
de la réalité, il est donc permis de chercher
dans le cœur tendre de Mme de Couaën ce que
fut l'amour d'Adèle.

« Elle est assez comblée de voir à côté d'elle
son ami, de lui abandonner au plus sa main
pour un instant et de le traiter comme une
sœur sa sœur chérie. » — Amaury se laisse
aller à lui faire entendre des paroles passion-
nées, il lui dépeint la succession de sentiments
qu'il redoute en lui-même, d'abord le trouble
mystérieux et désintéressé; puis, l'aveu qu'on
ne peut plus retenir : je vous aime; puis l'aveu
qu'on exige à son tour. Mme de Couaën ne comprend pas; elle ne voit là que des suppositions
vaines et doucement l'amène à les rétracter. —
Il lui écrit, dans une absence, des lettres où il
risque des sous-entendus hardis, dont il craint
qu'elle ne soit fâchée. Mais elle ne s'en étonne

pas, elle juge que c'est là le langage ordinaire à une semblable amitié. « Elle ignora toujours les manèges d'amour-propre et d'art... Elle croyait, elle acceptait tout de l'ami. »

Il y a dans *Volupté* toute une conversation qui est assurément un souvenir et où l'on retrouve la candeur d'Adèle. Amaury, qui n'a pas laissé ignorer à Mme de Couaën les désirs inquiets dont parfois il souffre, a ajouté que « ces désirs diminuent et passent une fois qu'ils sont satisfaits ». Elle réfléchit à cela et toute joyeuse lui apporte le remède qu'elle a trouvé au mal. « Il n'a qu'à supposer à l'avance que ses désirs sont dès longtemps satisfaits et garder tout de suite le simple et doux sentiment qui doit leur survivre. » Amaury est obligé de lui répondre en riant : « Est-ce donc qu'on peut supposer ces choses à volonté, enfant que vous êtes ! »

Il y a encore dans le roman d'autres scènes qui ne sont pas inventées, celle, par exemple, où Amaury trouve Mme de Couaën étalant autour d'elle, tout émue, les lettres qu'elle a reçues, jeune fille, de celui qui devait être son mari, les « lettres à la fiancée ». Elle lui en donne à lire quelques-unes, elle les lui com-

mente, les lui explique et lui fait, en souvenir
de ce jour, le don singulier de son bouquet de
mariée. — Une autre fois, son enfant est malade, Amaury revient d'une assez longue
absence et s'afflige et s'irrite de ce qu'elle le
reçoit distraitement et eût préféré voir entrer
le médecin qu'elle attend. — On peut enfin,
d'après *Volupté*, se faire une idée de ce qu'étaient
les rendez-vous de Sainte-Beuve et d'Adèle,
visites aux églises, à des pauvres, à des tombes.
Dans leurs entretiens, qui sont en général sur
des sujets sérieux, il hasarde parfois, lui, des
sous-entendus et tend des amorces, qu'elle
écarte par son honnête simplicité ou par sa
calme sagesse.' Mme de Couaën ne se dissimule
pourtant pas à elle-même qu'il y a une part
d'amour dans son amitié, puisqu'elle s'en défend
et puisqu'elle s'en repent; mais cet amour a un
caractère de pureté et de gravité dont elle ne
se départ jamais.

Des sentiments et des incidents que nous
avons notés dans *Volupté* Sainte-Beuve a laissé
un autre témoignage encore plus direct. Où
cela? dans le *Livre d'amour* même.

Le *Livre d'amour* se compose, en effet, de deux parties bien distinctes, écrites, l'une vers 1832-1833, l'autre vers 1837, sous des inspirations non seulement différentes, mais, on peut le dire, opposées. Sainte-Beuve a eu beau les mêler et tantôt omettre, tantôt arranger ou plutôt brouiller les dates, on ne peut pas plus confondre les deux courants qu'on ne confondrait les eaux claires d'une source avec les eaux limoneuses de la rivière où elle se perd. Et les dates se marquent assez, pour les pièces de 1837, par la forme laborieuse et obscure qui les rattache aux *Pensées d'Août,* et, pour les poésies de 1832, par le ton plus aisé et par l'accent sincèrement ému qui les renouent aux *Consolations*.

Nous n'aurons que trop à parler des trahisons de 1837; tenons-nous-en ici aux actes d'amour et de foi des élégies contemporaines de *Volupté*. Nous y trouverons ce qui est dans le roman, l'aspiration vers l'idéal, la sincérité du cœur, l'élévation de la pensée. Sainte-Beuve n'était pas né poète, mais il semble que l'amour l'ait fait poète en ces moments bénis, et si, au lieu de donner à ces purs et doux poèmes

d'amour une conclusion malsaine, ironique et
méchante, il en eût fait, au contraire, la suite
et le couronnement des *Consolations*, son
poème de l'amitié, il eût laissé là une œuvre
vraiment charmante et touchante, et nous aurions quelque chose comme un Pétrarque
français.

On voudrait citer nombre de ces poésies. Et
d'abord la belle Invocation à l'amour, qui
débute ainsi :

Amour, où donc es-tu ? descends, vautour sublime ;
J'étalerai mon cœur pour qu'il soit ta victime ;
Je t'ouvrirai ma veine et mon flanc tout fumant...
Docile à ton essor, comme un crédule amant,
J'irai, j'irai partout où montera ton aile,
Je chérirai sans fin ta morsure éternelle !

Il y a les poésies de résignation :

N'avoir qu'un seul désir, n'aimer qu'un être au monde,
L'aimer d'amour ardente, idéale et profonde ;
Voir presque tous les jours, et souvent sans témoins,
Cette beauté, l'objet de mes uniques soins ;
Lui parler longuement des doux secrets de l'âme,
De l'une et l'autre vie, et, sitôt que la flamme
Qui sort de son regard s'est trop mêlée au mien,
Ralentir tout à coup le rapide entretien ;

. . . .

Vivre ainsi, se gêner, mentir à ce qu'on aime,
Enchaîner cet aveu qui vole de lui-même,
Mordre sa lèvre en sang, pétrifier ses yeux,
En pâlir, en mourir... — et sentir que c'est mieux !

Il y a la pièce délicieuse sur deux journées de l'aimée, — qui se suivent sans se ressembler : — la première, de nonchalance et de mélancolie ; mais, le lendemain, elle se réveille, elle s'agite, elle se pare, pleine d'attente et d'allégresse :

Pour un hôte invisible il est fête en son cœur.

Et, pour le sentiment qu'inspirait au commencement Adèle, voici qui résume tout :

Nous sommes, mon amie, aussi pleins d'innocence
Qu'en s'aimant tendrement le peuvent deux mortels ;
Ne t'accuse de rien ! Tes vœux purs dans l'absence
        Pourraient se suspendre aux autels.

Te vient-il du passé quelque voix trop sévère,
Redis-toi tout le bien qu'en m'aimant tu me fis,
Que par toi je suis doux et chaste, et que ma mère
        Me sent pour elle meilleur fils.

Tu n'as jamais connu, dans nos oublis extrêmes,
Caresse ni discours qui n'ait tout respecté ;
Je n'ai jamais tiré de l'amour dont tu m'aimes
        Ni vanité, ni volupté !

*
* *

Si l'on cherchait, en tout cas, à quel moment précis placer la prétendue chute de Mme Victor Hugo, il serait assez embarrassant de le trouver ; on serait tenté pourtant de croire que ce pourrait être en 1833, lorsqu'elle fut informée de la liaison de Victor Hugo et de Juliette. Mais la raison ne serait nullement décisive pour ce généreux cœur, où ne pouvait entrer, vengeance ou dépit, nul sentiment vulgaire.

Certes ce fut pour Mme Victor Hugo un cruel déchirement quand elle apprit cette première atteinte à une union si longue et si douce ; mais il était contraire à sa nature d'être injuste, même dans la douleur. Elle se souvint avec attendrissement comme son Victor était jeune quand il lui avait donné son nom, son glorieux nom ; elle se souvint qu'elle lui devait ses quatre beaux enfants, son orgueil et sa joie ; elle lui tint compte des longues années où, malgré les tentations offertes au poète jeune, beau et illustre, il s'était gardé tout entier à elle. Étant de celles qui consolent, elle était aussi de celles qui pardonnent ; après quelque confession éloquente et douloureuse, où ils mêlèrent leurs soupirs et leurs larmes, il est certain qu'elle pardonna.

Nous en avons le plus beau et le plus doux témoignage qu'ait exprimé la reconnaissance émue d'un grand poète, les admirables vers de *Date lilia* :

Oh ! qui que vous soyez, bénissez-la. C'est elle !
La sœur, visible aux yeux, de mon âme immortelle !
Mon orgueil, mon espoir, mon abri, mon recours !
Toit de mes jeunes ans qu'espèrent mes vieux jours !
C'est elle ! la vertu sur ma tête penchée ;
La figure d'albâtre en ma maison cachée ;
L'arbre qui, sur la route où je marche à pas lourds,
Verse des fruits souvent et de l'ombre toujours ;
La femme dont ma joie est le bonheur suprême ;
Qui, si nous chancelons, ses enfants ou moi-même,
Sans parole sévère et sans regard moqueur,
Les soutient de la main et me soutient du cœur ;
Celle qui, lorsqu'au mal, pensif, je m'abandonne,
Seule peut me punir et seule me pardonne ;
Qui de mes propres torts me console et m'absout ;
A qui j'ai dit : toujours ! et qui m'a dit : partout !

Chose étrange, ce qui, pour le commun des mortels, est une cause de discorde et de séparation, fut, pour ces deux êtres d'élite, un renouvellement de tendresse. Ils furent si profondément touchés l'un et l'autre, lui de son sacrifice, elle de son remerciement! elle lui sut gré d'avoir pu être pour lui si bonne.

Ils eurent occasion, vers ce temps-là, d'échanger des lettres que nous avons sous les yeux et où se révèlent les généreux sentiments de confiance et d'abandon qui les animaient.

Victor Pavie, ami de Victor Hugo, ami aussi de Sainte-Beuve, se mariait à Angers, sa ville, et pria à ses noces Victor Hugo et Mme Victor Hugo. Victor Hugo, absent de Paris, ne pouvait se rendre à l'invitation; mais, bien que Sainte-Beuve, selon toutes probabilités, dût être invité, il désira que du moins sa femme ne manquât pas en un tel jour à Pavie, qui leur était cher à tous deux. Elle partit donc pour Angers, accompagnée de son père, M. Foucher, et de sa fille Léopoldine, alors âgée de onze ans et qu'elle ne pouvait laisser à Paris. Deux jours après elle, Sainte-Beuve arrivait, à son tour, à Angers. Elle en informait aussitôt son mari, et dans la même lettre elle lui disait :

« J'ai bien pensé à toi, mon bon cher Victor,

je t'aurais voulu là près de moi. Comme j'ai senti ce vide ! C'était la première fois que je voyageais sans toi ! et l'impression a été bien pénible... »

Et Victor Hugo lui répond aussitôt :

« ... J'ai toute confiance en toi, à cette heure où je n'ai le cœur plein que d'amour et de dévouement pour toi et pour nos chers petits. »

Sainte-Beuve eut pour Mme Victor Hugo les attentions les plus respectueuses et pour sa fille la plus tendre sollicitude. Il redeviat le frère qu'il était autrefois. Elle le mande à son mari, et — voici la preuve d'innocence la plus forte qu'on puisse attendre d'une honnête femme — elle ajoute :

« Quand tu seras à Paris, je te prierai, mon ami, de lui écrire quelques lignes de remerciement pour ses soins. »

Nous aurions bien mal réussi à donner une idée de ce qu'était la nature sincère et loyale de Mme Victor Hugo si l'on supposait un instant qu'elle pût seulement admettre la rouerie de faire remercier son amant par son mari.

Quant à Victor Hugo, il avait assurément foi entière en sa femme. Pendant et après le séjour à Angers, voici quelques fragments des lettres qu'il lui écrivait :

« *6 août*... Je me suis promené toute la soirée sur la falaise. Oh ! c'est là qu'on sent des frémissements d'ailes. Si je n'avais mon nid à Paris, je m'élancerais. Mais tu es là et je reste. Et tant que tu seras là, mon ange, je resterai. Je suis donc pris pour la vie, mais j'aime la cage où tu es. »

« *13 août*... Tu vois, mon Adèle, qu'aucune de ces belles et bonnes choses ne m'empêche pas de songer à toi. Tu es la plus belle des choses qui sont belles, tu es la meilleure des choses qui sont bonnes. — Avec quelle joie je te reverrai ! »

« *18 août*... Je suis à la Roche-Guyon et j'y pense à toi. Il y a quatorze ans, presque jour pour jour, j'étais ici, et à qui pensais-je ? à toi, mon Adèle ! Oh ! rien n'est changé dans mon cœur. Je t'aime toujours plus que tout au monde, va, tu peux bien me croire. Tu es presque ma vie. »

« *17 août...* Je suis heureux que tu te sois un peu amusée à Angers. Je n'ai le cœur plein que de pensées d'amour pour toi et pour tous nos petits bien-aimés. »

.*.

Ce voyage d'Angers, en 1835, fut peut-être une des dernières rencontres heureuses et de parfait accord entre Sainte-Beuve et Mme Victor Hugo. Par l'opposition la plus imprévue, ce qui avait été pour elle une cause de rapprochement avec son mari devint une cause de refroidissement avec Sainte-Beuve. Voici à quelle occasion :

Victor Hugo, à son retour à Paris, avait fait commencer l'impression de son nouveau recueil, les *Chants du Crépuscule*, et, selon sa constante habitude, il lisait à ses amis, sur les épreuves, nombre de ces poésies. C'était la

17

première fois que Sainte-Beuve manquait à
pareille fête, ce qui n'était pas sans lui causer
quelque dépit. Très friand de ces primeurs, il
s'en informait avec une curiosité inquiète
auprès des amis plus heureux. Il y avait Louis
Boulanger et Robelin qui le tenaient au courant
et lui citaient les plus belles pièces, *Napoléon II*
ou *la Cloche*. On lui disait aussi les vers
d'amour, qui, sans dédicace et sans nom, ne
s'en adressaient pas moins évidemment à
Juliette, ce dont il s'indignait vertueusement.
Mais ce dont il s'irrita bien davantage, ce fut
des deux poésies écrites pour Mme Victor Hugo;
elles donnaient un démenti trop clair à ses pré-
tentions et à ses sous-entendus; et, quand un
ami lui récitait ces premiers vers :

> Toi! sois bénie à jamais,
> Ève qu'aucun fruit ne tente!
> Qui, de la vertu contente,
> Habites les purs sommets!
> Ame sans tache et sans rides!...

l'ami n'ajoutait sans doute aucune réflexion;
mais il était bien certain qu'il pensait :
« Qu'est-ce donc que vous nous disiez?... »

Les Chants du Crépuscule parurent en octo-

bre 1835. Sainte-Beuve, atteint en son endroit
le plus sensible, dans sa terrible vanité, ne put
s'empêcher de laisser percer son aigreur dans
l'article qu'il consacra au nouveau livre dans la
Revue des Deux Mondes. Il était bien obligé de
reconnaître et de louer les indéniables beautés
de l'œuvre ; il mêla du moins aux éloges plus
d'une critique acerbe, plus d'une insinuation
méchante. Mais où éclate sa rage secrète, c'est
dans la dernière page, sorte de post-scriptum
de l'article :

« Les douze ou treize pièces amoureuses,
élégiaques, qui forment le milieu du recueil
dans sa partie la plus vraie et la plus sincère,
sont suivies de deux ou trois autres, et surtout
d'une dernière, intitulée : *Date lilia,* qui a pour
but en quelque sorte de couronner le volume
et de le protéger... On dirait qu'en finissant le
poète a voulu jeter une poignée de lis aux
yeux. Nous regrettons que l'auteur ait cru ce
soin nécessaire. Le manque de tact littéraire...
lui a inspiré d'introduire dans la composition
de son volume deux couleurs qui se heurtent,
deux encens qui se repoussent. Il n'a pas vu

que l'impression de tous serait qu'un objet respecté eût été mieux honoré et loué par une
omission entière[1]. »

Le « tact moral » de Sainte-Beuve aurait bien
dû l'avertir lui-même de la haute inconvenance
qu'il commettait en intervenant, lui, sur un sujet
si délicat : cette allusion à un « objet respecté »
était de sa part le manque de respect le plus
grave. En voulant blesser Victor Hugo, c'est
Mme Victor Hugo qu'il blessait. Quand elle
avait pardonné, quand elle acceptait avec émotion, comme une réparation et comme un
hommage, non pas cette poignée, mais ce bouquet de lys, de quel droit ce défenseur imprévu
le refusait-il pour elle?

Victor Hugo, en lisant l'article de Sainte-
Beuve, n'eut qu'à hausser les épaules; on sut
alors que Mme Victor Hugo en fut au plus haut
point froissée. « Froissée » n'est pas le mot
quand on parle d'elle : elle en fut profondément
affligée. Ce n'était plus là le Sainte-Beuve de
1830, le Sainte-Beuve des *Consolations*. Elle
jugeait la petitesse de celui qu'elle avait aimé,

---

1. *Portraits contemporains.*

qu'elle aimait encore. Quelque chose s'était rompu dans l'union de leurs âmes; et, dans ces chaînes-là, quand un anneau se défait, les autres suivent. Elle dut faire doucement des reproches à Sainte-Beuve de la faute qu'il avait commise et se montra sans doute avec lui plus froide et moins expansive. Elle en prit une teinte de mélancolie : sa vie de cœur était-elle finie?

Nous ne faisons pas là de vaines conjectures; qu'on lise avec nous ces fragments des lettres touchantes qu'en 1836 elle écrivait à son mari encore en voyage :

« *5 juillet*... Je suis bien vieille par les goûts et assez triste, quoique sans chagrins. Que peut-on de mieux dans cette vie? Je n'ai au monde qu'un désir, c'est que ceux que j'aime soient heureux; le bonheur de la vie est passé pour moi, je le cherche dans la satisfaction des autres. Il y a bien de la douceur malgré tout là-dedans; aussi tu as bien raison quand tu dis que j'ai le sourire indulgent. Mon Dieu, tu peux faire tout au monde; pourvu que tu sois heureux, je le serai. Ne crois pas que ce soit indifférence,

mais c'est dévouement et détachement pour
moi de la vie. D'ailleurs, jamais je n'abuserai
des droits que le mariage me donne sur toi. Il
est dans mes idées que tu sois aussi libre qu'un
garçon, pauvre ami, toi qui t'es marié à vingt
ans, je ne veux pas lier ta vie à une pauvre
femme comme moi. Au moins, ce que tu me
donneras, tu me le donneras franchement et en
toute liberté.

« Ne te tourmente donc pas, et crois que rien
dans cet état de mon âme n'altérera ma tendresse pour toi, si solide et si complètement
dévouée *quand même* [1]... »

« *16 août*... T'amuses-tu bien? es-tu heureux?
Tu sais que je veux que tu sois ainsi. Tu es fait
pour la joie, la gloire, le triomphe et tout ce
qui est resplendissant. Ne manque pas ta destinée, mon ami; tu sais que la seule chose que je
ne te pardonnerais pas, ce serait d'être peu
heureux...

« Adieu, mon ami, mon véritable ami. Crois
que tu ne trouveras pas plus de dévouement
dans aucun cœur que dans le mien [2].... »

1. Inédit.
2. Inédit.

***

Sainte-Beuve, dans l'état présent de son esprit, était-il capable de comprendre la douleur résignée d'Adèle et de la réconforter? Il était trop préoccupé de lui-même et de l'attitude à garder vis-à-vis de ses confidents. Il constatait cependant avec chagrin le ralentissement de l'affection si tendre et si dévouée qu'il n'avait pas su ménager. Dans le même temps où Mme Victor Hugo écrivait à son mari, il écrivait, lui, à Ulric Guttinguer :

« Ce bonheur dont vous voulez bien vous inquiéter dure toujours, mais si lointain, si rare et si sevré [1] ! »

Au commencement de 1837, Sainte-Beuve publia une nouvelle intitulée *Madame de Pontivy*, écrite, disait-il, pour essayer de ramener Adèle ; mais cette histoire banale, et d'un sentiment assez grossier, était plutôt faite pour la détacher davantage. Sainte-Beuve la

1. G. Michaut, *le Livre d'amour de Sainte-Beuve*.

voyait avec colère, à mesure qu'elle s'éloignait de lui, se rapprocher de son mari.

Enfin, le jour vint où il la trouva dressée contre lui, à côté de son protecteur naturel, pour lui signifier une rupture définitive, non plus seulement avec lui, mais avec elle.

**

Victor Hugo ignora longtemps l'existence du *Livre d'amour*. Ce ne fut qu'après son retour de l'exil qu'un jour, un visiteur, le croyant informé, lui révéla le libelle, dont il possédait un exemplaire. Indigné, le poète des *Châtiments* écrivit sur l'heure ces vers vengeurs :

A S.-B.

Que dit-on? on m'annonce un libelle posthume
De toi. C'est bien. Ta fange est faite d'amertume;
Rien de toi ne m'étonne, ô fourbe tortueux.
Je n'ai point oublié ton regard monstrueux,
Le jour où je te mis hors de chez moi, vil drôle,
Lorsque sur l'escalier te poussant par l'épaule,
Je te dis : N'entrez plus, monsieur, dans ma maison!
Je vis luire en tes yeux toute ta trahison,
J'aperçus ta fureur dans ta peur, ô coupable,
Et je compris de quoi pouvait être capable

La lâcheté changée en haine, le dégoût
Qu'a d'elle-même une âme où s'amasse un égout,
Et ce que méditait ta laideur dédaignée;
On devine la toile en voyant l'araignée.

21 octobre.

Ces vers ne furent rendus publics que long-temps après la mort de Victor Hugo, et seulement — d'après sa volonté — quand des pièces calomnieuses du *Livre d'amour* eurent été publiées, avec l'aggravation de plus calomnieux commentaires.

La question alors se posa de savoir quand et à quelle occasion s'était passée la scène que révèlent les vers; et les amis de Sainte-Beuve prétendirent qu'elle n'avait jamais été que dans l'imagination du poète.

C'est Sainte-Beuve lui-même qui, dans une de ses lettres à Ulric Guttinguer, confirme et précise le fait. Il aurait eu lieu en octobre 1837, avant le départ de Sainte-Beuve pour Lausanne.

La scène a-t-elle été aussi violente que le disent les vers? il faut sans doute faire la part de l'hyperbole poétique. Mme Victor Hugo y était-elle présente? c'est peu probable. Ce qui est sûr, c'est que Victor Hugo y parlait aussi au nom de sa femme. Quel en était le motif? Il ne peut pas y en avoir deux; une seule cause a pu réunir les deux époux dans une irritation commune : l'honneur de la femme en jeu.

Une demi-confidence faite par Louis Boulanger à Vacquerie et à Paul Meurice avait déjà jeté quelque jour sur la situation. En 1837, les propos et les vanteries de Sainte-Beuve commençaient à se répandre un peu trop au dehors; il avait été amicalement prévenu que, s'il n'y mettait pas fin, on serait obligé d'informer Victor Hugo. Il ne tint pas compte de l'avis, et Victor Hugo, mis en effet au courant, ne pouvait plus avoir qu'une pensée : sévir. Cependant sa colère n'aurait peut-être pas ému Sainte-Beuve plus que de raison; ce qui l'exaspéra, ce fut de se dire que Mme Victor Hugo était d'accord avec son mari, qu'ils s'étaient rapprochés dans le même sentiment de réprobation contre lui et que l'arrêt d'expulsion était cette fois approuvé par elle, sinon prononcé, par elle aussi bien que par lui.

Blessé au cœur, il précipita avec une sorte de

rage un départ, jusque-là toujours retardé, pour Lausanne, où il allait faire pendant une saison son cours sur Port-Royal. Il quitta Paris « sombre et trois fois sombre ».

Il ne donna cependant à personne la vraie raison de son départ. Ce fut seulement plus de six mois après (18 mars 1838) que, dans une lettre à Guttinguer, il constata, en l'expliquant à sa façon, la scène de la rupture :

« Du côté de la place Royale, j'ai éprouvé ce que deux mots de conversation pourront seuls vous expliquer; d'une part, une noire et grossière machination qui sent son cyclope ; de l'autre, une inouïe et vraiment stupide crédulité, qui m'a donné la mesure d'une intelligence que l'amour n'éclaire plus[1]. »

Sainte-Beuve appelle « noire et grossière machination » la révolte d'un époux offensé ; et Mme Victor Hugo, jusque-là si hautement admirée et flattée, du moment qu'elle ne l'aime plus, devient subitement « stupide ».

Il ne pardonna pas, et, six semaines après, il écrivait encore, après avoir revu Adèle :

1. G. Michaut, *le Livre d'amour de Sainte-Beuve*.

« Ai-je éprouvé la vérité de ce mot de La Rochefoucauld : « On pardonne tant que l'on aime »? Cependant, il me semble que c'en est fait de l'amour, au moins de ce côté-là [1]. »

Enfin, trois ans après, en 1841, dans son *Journal* inédit, se demandant s'il aime encore Adèle, il se répond :

« Non, je la hais [2]. »

Ainsi finit l'amour de Sainte-Beuve.

1. G. Michaut, le *Livre d'amour de Sainte-Beuve.*
2. *Idem.*

IX

LE LIVRE D'AMOUR

Nous voici arrivé à la partie pénible de notre
tâche, à ce qui en est pourtant la conclusion nécessaire; il faut parler du *Livre d'amour*. Nous
allons être loin du Sainte-Beuve de 1830, de
ses sentiments touchants et de leur navrante
éloquence.

Quelle passion mauvaise le poussa à sa mauvaise action? Il y en eut plusieurs, mais ce fut
d'abord et avant tout sa colère et sa haine.

La cause première et déterminante de la
triste publication n'est autre que cette dure expulsion de 1837, signifiée par Victor Hugo, consentie et approuvée par Adèle. Sainte-Beuve
s'éloigna, s'enfuit, à Lausanne, l'âme ulcérée.
Ah! Victor Hugo l'avait si cruellement blessé,

après l'avoir trop longtemps humilié de sa
générosité, de sa force d'âme et de son génie!
Ah! elle s'était associée à son mari pour le
délaisser et le trahir! Tant pis pour lui et tant
pis pour elle! il se vengerait de tous les deux!

Sa vengeance fut le *Livre d'amour*.

Répétons une fois de plus que le *Livre
d'amour* se compose de deux parties, non pas
seulement différentes, mais absolument dispa-
rates. Sainte-Beuve, avant 1837, avait écrit pour
Adèle une trentaine de poésies d'amour, d'un
amour ardent, mais respectueux et tendre et
qui reste toujours dans le ton le plus pur et le
plus doux. La personne aimée n'y est pas nom-
mée, pas même désignée; mais l'eût-elle été,
qu'il n'y eût eu pour elle aucun dommage et
aucune offense. Cela est si vrai qu'en 1861
Sainte-Beuve put, dans une nouvelle édition de
Joseph Delorme, publier à la suite ces poésies
sans qu'aucun nom ait été alors prononcé ou
même soupçonné. Il eût bien probablement
gardé jusqu'au bout cette réserve, si Mme Victor Hugo n'eût pas cru devoir un jour prendre
parti contre lui à côté de son mari. Mais elle
l'avait fait, elle avait eu sa part dans l'affront

dont saignait son orgueil; il résolut d'ajouter aux premières et discrètes élégies des pièces, — huit ou dix, il n'y en a pas davantage, — où il l'appellerait par son nom, où il la désignerait nettement, brutalement, par des faits notoires de son entourage et de sa vie. Elle l'avait abandonné, il la punirait en la calomniant.

**

Le *Livre d'amour* y aura-t-il réussi? Nous ne le croyons pas. Les Lettres de Sainte-Beuve par nous retrouvées en ont été, ce nous semble, une première réfutation. Le *Livre d'amour* même, comparé à ces lettres, sera la seconde. Relevons-en, à chaque page, les mensonges, les exagérations, les contradictions, les impossibilités.

Les mensonges. On ne les compte pas dans les pièces ajoutées du *Livre d'amour*. Bornons-nous à en citer un, sur lequel on jugera des autres, celui de la pièce adressée *A la petite Ad*. C'est le plus abominable de tous. Sainte-Beuve y voudrait tout simplement faire entendre que le dernier enfant de Victor Hugo ne serait pas

seulement sa filleule et qu'il en serait le père.
Oh! il ne le dit pas en termes exprès, ce n'est
pas sa manière, mais il l'insinue dans des
phrases obscures et enveloppées, qui laissent
entrevoir un partage, et qu'il éclaire par ce
dernier vers, au moins bizarre, où il dit, en
parlant de l'enfant :

Pure, et tenant pourtant quelque chose de moi.

Or, la petite Adèle est née le 25 juillet 1830.
Pour que Sainte-Beuve pût être son père, il
faudrait qu'il eût été l'amant d'Adèle dès le mois
d'octobre 1829, c'est-à-dire aux jours de l'amour
héroïque, avant la représentation d'*Hernani*,
avant l'aveu du mari, avant les luttes et les dé-
sespoirs de la passion douloureuse et résignée.
Le lecteur n'a qu'à recourir aux pages mêmes
de ce récit pour voir que les lettres poignantes
de Sainte-Beuve donnent à ses vers équivoques
le plus éclatant démenti.

Et ce démenti n'est pas le seul que lui inflige
cette même pièce : *A la petite Ad...*

La pièce débute ainsi :

Enfant délicieux, *que sa mère m'envoie,*

Et plus loin :

> Enfant qu'avec mystère
> Il me faut apporter *comme un fruit adultère*.

La poésie est datée : 22 août 1832. Que le lecteur se reporte maintenant à la lettre de Sainte-Beuve à Victor Hugo datée de juillet 1832, un mois auparavant, on y lira :

« Je vous remercie bien de *m'avoir envoyé*, outre l'album, *ma jolie petite filleule.* »

Ainsi, ce n'était pas la mère qui envoyait l'enfant à Sainte-Beuve, c'était le père, — le vrai. — Et il est probable que ce fut cette visite de l'enfant qui suggéra à Sainte-Beuve l'idée de la pièce : *A la petite Ad...*

Est-il possible d'être pris plus cruellement en flagrant délit, la main dans le sac du mensonge ?

Les exagérations ne sont pas moins énormes. On sait quel amour tendre et profond Adèle portait à ses enfants, à sa mère, quel dévouement à son mari. Erreur ! ce qui, dans ce cœur, effaçait tout, dominait tout, c'était Sainte-Beuve !

Il veut bien pourtant dire à Adèle qu'il lui tolérera ses affections du passé,

> ... pourvu qu'entraînant et torrents et ruisseaux,
> Notre amour soit le fleuve unique aux larges eaux;
> Oui, si tu m'aimes plus que l'ombre de l'amie,
> Que ta mère, martyre au cercueil endormie,
> Plus qu'un premier enfant, ...
> Que l'époux dans sa gloire, et ta fille, et ton Dieu;
> Oui, si jusqu'à la mort. . . . .
> Tu me redis, le front contre mon sein qui bout :
> « Ami, j'ai tout senti, mais, toi, tu passes tout! »

Ne passe-t-il pas un peu, lui, la vraisemblance?

Après l'exagération pour le moral, l'exagération pour le physique :

On sait que Sainte-Beuve avait la parole fort séduisante, et l'on pourrait le croire s'il se contentait de dire qu'une femme s'est laissée prendre à la caresse de sa voix et au charme de son discours; mais, quand il est avéré qu'il était si laid et, selon le mot souvent cité de Mme Victor Hugo elle-même, « pas seulement laid, vilain », il a grand tort, dans le *Livre d'amour*, de vouloir insinuer à la postérité qu'il était séduisant aussi de figure, il a tort de dire à la pauvre Adèle :

Mon visage assidu, *délices de tes yeux!*

Il a tort, quand il s'avoue si chauve, de faire tenir à son amante éperdue le langage passionné de Juliette à Roméo :

Est-ce moi dont, hier, en tes mains convulsives,
Serrant sur tes genoux, *le front trop défleuri.*
Tu murmurais : C'est lui! *c'est le trésor chéri!*

Le mot *genou* est fâcheux dans ce gracieux tableau; il appelle trop une répétition.

Dans l'ordre des contradictions, il en est une qui frappera l'esprit le moins exercé. C'est la différence, c'est le contraste absolu dans la forme entre les poésies d'avant et d'après 1837. Les unes sont dans le style et dans le goût des *Consolations;* les autres, ajoutées pour *découvrir* Adèle, sont dans la manière piteuse et pâteuse des *Pensées d'août.* Autant les premières sont limpides et spontanées, autant les autres sont laborieuses, obscures, guindées et bizarres. Nous en avons cité des hyperboles amphigouriques; cueillons-y quelques vers amusants pour égayer un peu ce triste sujet :

> Folle dentelle au front *sous les cheveux du soir*.

>   ... Déjà je me sens vieux,
> Je le sens bien souvent à ma tête qui pèse,
> Aux cheveux dont ma main, qui s'y baignait à l'aise;
> *Ramène* sur mon front quelque anneau dispersé.

De là vient peut-être l'acception populaire du verbe *ramener*.

Un fiacre, c'est « un asile errant. » — Faire sa première communion, c'est

>   avec ferveur
> Sur sa langue sans fraude appeler son sauveur.

Ce sont là des vers simplement grotesques; il y en a qui sont épouvantables :

> Elle sait que de place on a changé deux fois...
> Dès qu'on fut de voiture au logis descendu...

On comprend le mot spirituel de Théophile Gautier : « Ces vers-là sont trop mauvais pour que Sainte-Beuve n'ait pas menti! »

Abrégeons. Nous ne saurions énumérer toutes les impossibilités matérielles et morales du

Livre d'amour; bornons-nous à en signaler une qui semblera l'évidence même. Elle porte encore sur ces premières poésies irréprochables qui forment, en somme, la plus grande partie du *Livre d'amour*.

Il est probable, il est certain si l'on veut, qu'Adèle Hugo a pu et dû connaître ces poésies, et non seulement elle n'en a pas été offensée, mais elle en a sans doute été aussi charmée qu'a pu l'être Laure de Noves des stances et des sonnets de Pétrarque. Là-dessus Sainte-Beuve, maître au jeu de l'équivoque, a dicté cette note, pour être placée en tête du *Livre d'amour* :

« Ces vers d'amour ont été faits, *de l'aveu des deux êtres intéressés*, pour consacrer le souvenir de leur lien. »

De là on pourrait conclure, et les amis complaisants se sont empressés de conclure en effet, que Mme Victor Hugo avait connu et avait approuvé le *Livre d'amour*, tel qu'il a été imprimé en 1843, avec les poésies perfides qui la dénoncent. Mais à quel homme ayant le sens commun, à quelle femme ayant le sens moral

Sainte-Beuve espérait-il faire accroire que Mme Victor Hugo, femme du plus glorieux des poètes, mère de quatre enfants, dont une grande jeune fille adorée, aurait pu vouloir un instant éterniser la mémoire de sa chûte et consentir à se voir célébrer devant l'avenir dans ces vers parfois ridicules, elle à qui sont dédiés les vers de *Date lilia?*

*
* *

Faire les vers accusateurs était coupable, les faire imprimer était plus coupable encore. Il ne pouvait penser à les publier; il ne les fit tirer qu'à un petit nombre d'exemplaires et ne les distribua qu'à quelques intimes. Mais ils existaient, et Sainte-Beuve aurait toute sa vie la joie secrète de penser que la vengeance était là qui couvait sourdement pour éclater triomphante un jour.

Voici à quelle occasion, en 1843, il fit commencer l'impression du livre.

Aux environs de 1840, Sainte-Beuve avait été hanté de l'ambition légitime de devenir académicien. Il y avait, dans ce temps-là, un salon qui passait pour être une antichambre de l'Académie, le salon de Mme d'Arbouville, janséniste et coquette. Sainte-Beuve s'était fait présenter à elle par M. Molé et lui avait fait si sérieusement sa cour littéraire qu'il était tombé réellement amoureux d'elle.

Mme d'Arbouville n'avait pas la beauté de Mme Victor Hugo; mais elle était de noblesse, elle passait pour avoir disposé de plus d'un siège sous la coupole; elle-même faisait des vers qui, ma foi, n'étaient guère moins bons que ceux du Sainte-Beuve d'alors. Elle était donc fort courtisée et elle se montrait fort accueillante aux courtisans; mais elle aimait son mari et elle était jugée jusque-là impeccable. L'amour qu'on avait pour elle n'était, à ses yeux, que la forme la plus flatteuse du respect; c'était une Célimène rigide. Quelle gloire c'eût été pour Sainte-Beuve de devenir tout de bon l'amant d'une vertu si entourée! Deux ou trois ans de suite, il s'y employa de son mieux. Ce fut une joute raffinée de sentiments, un échange galant de rimes : — *Aimez-moi, de grâce!* — *De grâce, ne m'aimez pas!* Madrigaux tout platoniques! Quand Sainte-Beuve lui lisait ses vers ou lui tenait ses doux propos, Mme d'Arbouville l'écoutait charmée; mais elle le regardait et elle ne lui cédait pas.

Nous avons donc là encore une des raisons, la moins répréhensible peut-être, qui engagèrent Sainte-Beuve à faire imprimer le *Livre d'amour*. Quand il mettrait sous les yeux de la rebelle, sinon la preuve, du moins l'affirmation catégorique qu'il avait possédé la plus enviable des maîtresses, une femme que Mme d'Arbouville, si haut placée qu'elle fût, pouvait à tout le moins considérer comme une égale, il espérait, il comptait, qu'elle se laisserait gagner à la contagion de cet illustre exemple. Il lui apporta donc en grand mystère le premier exemplaire du *Livre d'amour*.

On n'a pas l'appréciation de Mme d'Arbouville, mais, si elle était cette âme exquise, on peut croire qu'elle fut plus choquée que charmée, et si elle était cet esprit avisé, elle prit plutôt en défiance un vainqueur si peu discret. Dans tous les cas, elle plaignit peut-être la victime, mais elle ne témoigna aucune envie de l'imiter. Elle continua de résister à Sainte-Beuve et ne se départit jamais de cette résistance.

Sainte-Beuve essaya de se rattraper ailleurs ;
il tendit à d'autres femmes teintées de littérature auxquelles il espérait faire retirer leurs
bas bleus, l'amorce de sa mystérieuse brochure.
On nomme une autre grande dame, la duchesse
de Rauzan ; on nomme Mme Hortense Allart,
moins escarpée, qui semble pourtant ne lui
avoir prodigué d'autres faveurs que de vaines
louanges.

Mais, à défaut de femmes, Sainte-Beuve se
croyait sûr de tromper au moins la postérité.

* *

Ce fut son troisième mobile. En même temps
qu'à sa haine, celui-là plaisait à son orgueil.
Il faudrait dire : à son double orgueil, orgueil
de poète, orgueil de séducteur. Sainte-Beuve
était convaincu d'abord que son principal titre
de gloire en poésie serait le *Livre d'amour*, le
Livre d'amour tout entier, avec ses pages
récentes et médiocres, mais auxquelles, naturellement, il tenait d'autant plus qu'elles lui
avaient donné plus de peine. Le *Livre d'amour*

lui paraissait ensuite l'indiscutable témoignage qui établirait devant l'avenir que lui, Sainte-Beuve, il avait été l'amant, l'amant heureux, de la femme du glorieux poète.

Aussi sa grande préoccupation, quand il tint dans ses mains le précieux livre bien et dûment imprimé, ce fut d'en assurer à jamais la durée.

Dans un testament confié, dès 1843, à M. Juste Olivier, il lui recommande de prendre possession après sa mort de tous les exemplaires du *Livre d'amour*, dont il lui fait le compte minutieux. « Ma volonté expresse, dit-il, est que ce livre ne périsse pas. » De plus, il en fait relier un certain nombre, dissimulés à la fin d'autres volumes. Nous avons eu dans les mains un de ces exemplaires, relié à la suite de *Calixte*, le roman de Mme de Charrière, et à la première page duquel il avait écrit :

Cela et serva hunc libellum ut in posterum remittatur[1].

Sur l'exemplaire de M. Paul Chéron, que possède la Bibliothèque nationale, on lit :

___

1. « Cache et conserve ce petit livre pour qu'il soit transmis à la postérité. »

*Lege atque tace, et fidei tuæ commissum
secreto in posterum serva*[1].

C'est donc avec un soin minutieux, avec une
vigilance passionnée que Sainte-Beuve s'est
efforcé d'assurer l'existence de ce livre, qui
pourtant, nous l'espérons bien, ne déshonorera
que lui. En effet, quelle garantie cette postérité
aura-t-elle de la véracité de l'auteur? Il parle
seul, il raconte seul, il affirme seul. Cependant,
à côté du témoignage intéressé de l'amant, il y
en a un qui serait bien convaincant, et, il faut
le dire, bien nécessaire, l'aveu, le témoignage
de l'amante. Ah! ce témoignage-là, il clorait la
bouche aux plus incrédules!

Qu'à cela ne tienne! Sainte-Beuve a reçu,
nous dit-on, de trois à quatre cents lettres ou
billets de Mᵐᵉ Victor Hugo. Ces lettres, il les a
religieusement conservées toutes et précieuse-
ment serrées dans une cassette de bois jaune.
Oh! voilà qui est bien! parmi ces trois ou
quatre cents lettres amicales et même tendres,
il y en aura bien une dizaine, il y en aura bien
trois ou quatre, il y en aura bien une, où nous

---

1. « Lis et tais-toi, et garde en secret pour la postérité ce que je
confie à ta fidélité. »

allons trouver la preuve attendue, la preuve
indiscutable. Nous ne demandons pas à y lire :
« O mon *trésor chéri!* » Mais nous en trouverons au moins une où Adèle fera allusion à
quelque bonheur récent, à quelque rendez-vous
de délices, une où elle dira : « Je t'aime »;
une où elle dira « tu »? Et cette lettre-là, cette
preuve-là, Sainte-Beuve l'aura fait relier avec
l'exemplaire de la Bibliothèque? il l'aura fait
copier, autographier, authentiquer par-devant
notaire?

Eh bien, non! toutes ces lettres, ces trois ou
quatre cents lettres, Sainte-Beuve les traite
fort négligemment. Dans ses premières instruc-
tions testamentaires à Juste Olivier, il lui dit
qu'il « pourra les détruire ». Plus tard, il
ordonne qu'après sa mort elles soient remises
à son ami Paul Chéron, en bloc, sans réserve,
avec cette simple indication : — Il en fera ce
qu'il voudra — et cette seule interdiction :
On n'en livrera rien à aucun membre ou ami
de la famille de Mme Victor Hugo.

La logique la plus élémentaire, le juge d'ins-
truction le moins avisé, conclura qu'il n'y avait
dans ces lettres rien, absolument rien, de

nature à confirmer ou à prouver les vaniteuses allégations du *Livre d'amour*. Mais Sainte-Beuve, en donnant toute latitude à ses amis pour que ces lettres fussent détruites ou non à leur gré, comptait bien qu'elles le seraient : existantes elles ne prouvaient rien; détruites, elles laisseraient tout supposer.

On sait ce que sont devenues ces lettres. Paul Chéron, en mourant, les avait transmises à son fils, le docteur Chéron, qui, en 1885, après la mort de Victor Hugo, trouva le dépôt quelque peu embarrassant. Que faire de ces lettres qu'on ne pouvait rendre à la famille? Le docteur Chéron consulta quelques amis; on lut ces lettres et, dans le moment, on jugea sans doute inutile de laisser ces traces de l'intimité tendre que Mme Victor Hugo avait entretenue avec Sainte-Beuve à l'insu de son mari. Les lettres furent, en conséquence, brûlées.

Il ne survit aujourd'hui qu'un seul témoin impartial qui se souvienne de ces lettres, c'est l'honorable M. Henri Havard, l'inspecteur des Beaux-Arts. Quelles étaient celles des lettres qu'il eût été fâcheux de laisser connaître? M. Havard s'en rappelle deux, qui ne sont pour-

tant pas bien graves. — Lors de la première
communion de Léopoldine, on avait invité à
Fourqueux tous les amis de la maison, et Sainte-
Beuve n'était plus du nombre. Mme Victor
Hugo lui écrit l'heure de la cérémonie et lui
demande d'aller à la même heure prier dans
une église où ils se sont retrouvés plusieurs
fois. Ceci rentre dans l'ordre mystique des
promenades aux cimetières et des visites aux
églises que nous avons signalées. — L'autre
fait est moins sérieux encore. On avait fait,
avec Châtillon et d'autres amis, une partie
d'ânes dans la forêt de Montmorency. Il y avait
un âne rétif dont personne ne voulait; Victor
Hugo, seul, avait prétendu qu'ayant dompté
Pégase, il dompterait bien un âne. Mais l'âne,
plus fougueux que le « cheval de gloire », avait
vivement envoyé le poète s'étaler à quinze pas
sur le sol. Mme Victor Hugo racontait cette
déconfiture à Sainte-Beuve et plaisantait agréa-
blement son mari. Ce n'est pourtant pas bien
méchant. — Le prétendu amour d'Adèle peut
donc se résumer ainsi : rien des sens, une part
du cœur, presque tout dans la tête.

.·.

Terminons ici l'enquête, ou, si l'on veut, le plaidoyer, auquel nous avons été amenés malgré nous pour défendre une mémoire chère et sacrée. Nous avons suivi et noté, avec un soin attentif, et que nous croyons impartial, les diverses phases du sentiment qu'éprouva Mme Victor Hugo pour Sainte-Beuve; d'abord amitié tendre, puis compassion profonde, commencement de séduction en 1831, reprise en 1833 ou 1834. Maintenant revient la cruelle et délicate question : La séduction a-t-elle été jusqu'à la faute? — « C'est ce qu'on ne saura *jamais*, » a dit Émile Faguet. — « Quel ennui de n'en rien savoir! » a dit Jules Lemaitre.

Quand ont-ils dit cela? En 1896, alors qu'on ne connaissait encore, pour réplique au *Livre d'amour*, que les seules Lettres de Victor Hugo. On a aujourd'hui un nouveau et puissant élément de conviction, on a les Lettres de Sainte-Beuve. Nous n'avons plus rien à dire. Toutes les pièces du procès sont là; qu'on les examine, qu'on les compare, qu'on les éclaire les unes par les autres, — et qu'on juge.

Juger des tombes! On devrait pourtant bien laisser dormir en paix les pauvres mortes; celle-là surtout, qui a été toute sa vie si indulgente et si douce! celle-là sur qui appelaient nos bénédictions ces vers :

> Si, quand la diatribe autour d'un nom s'élance,
> Vous voyez une femme écouter en silence,
> Et douter, puis vous dire : — Attendons pour juger.
> Quel est celui de nous qu'on ne pourrait charger?
> On est prompt à ternir les choses les plus belles.
> La louange est sans pieds et le blâme a des ailes...
>
> . . . .

C'est elle. Pourquoi l'a-t-on accusée, elle qui n'a jamais accusé personne, elle qui ne croyait pas, qui ne voulait pas croire au mal? Et encore, si le mal lui était prouvé, elle tâchait de l'excuser, et, si c'était impossible, elle le plaignait. Nous avons épargné à son calomniateur les reproches sanglants et les dures épithètes, parce que nous savons bien qu'elle-même, elle aurait pardonné à ce triste orgueilleux, à ce pauvre méchant.

DERNIÈRES RELATIONS

DERNIÈRES RELATIONS

Le récit est terminé des amitiés et des
amours que nous avons appelés « le Roman de
Sainte-Beuve ». Mais la vie ne se comporte
pas comme le roman, elle n'a guère de dénoue-
ments arrêtés, les événements s'y enchaînent
et s'y continuent. En 1837, Sainte-Beuve et
M. et Mme Victor Hugo avaient encore de longs
jours à vivre et, appartenant au même monde,
devaient forcément s'y rencontrer. C'en était
fini entre eux des sentiments, non des relations. Ces relations ne furent pas sans intérêt
et ce livre serait incomplet s'il ne les faisait
connaître. Les trois êtres dont nous avons suivi
les joies et les douleurs y restèrent d'ailleurs
eux-mêmes, et l'on y retrouvera la générosité

chez Victor Hugo, la duplicité chez Sainte-Beuve, la confiance et la bonté chez Adèle.

Il semblait qu'après la violente scène de rupture il dût y avoir désormais entre Sainte-Beuve et Victor Hugo un abîme que rien ne pourrait combler, et il en eût été sans doute ainsi, s'il n'y avait eu dans l'esprit de Sainte-Beuve une passion plus forte que n'importe quelle haine ou quel amour, une passion qui fut, au fond, la seule, la vraie, de sa vie, — la littérature. Ce que Balzac appelle le « gendelettres » dominait tout, primait tout chez Sainte-Beuve. Or, quelle est, pour le véritable homme de lettres, la grande ambition, quel est le but, quel est le rêve? L'Académie! Sainte-Beuve y pensait depuis des années; dès 1839 il avait commencé ses travaux d'approche. Nous l'avons vu, en 1840, dans ses ardentes assiduités au salon de M{{me}} d'Arbouville, pousser jusqu'au mal d'amour le mal académique.

Cependant il se rendait bien compte qu'il n'avait aucune chance d'entrer à l'Académie tant que celui qui était en somme le chef de la génération à laquelle il appartenait, tant que

Victor Hugo n'y serait pas entré lui-même.
« Hugo, écrivait-il à Mme Juste Ollivier, a
toutes nos destinées académiques dans ses
flancs. »

C'est précisément vers ce temps-là que
Victor Hugo posait à l'Académie ses premières
candidatures. D'abord sans succès, mais son
génie finirait par forcer les portes. Et Sainte-
Beuve se disait qu'il ne lui serait pas bon, ce
jour-là, de trouver en lui un ennemi.

Il ne pouvait penser à un rapprochement,
mais n'y avait-il pas du moins moyen de dé-
tendre un peu la situation? Il connaissait son
ancien Victor, il savait que ses rancunes les
plus vives ne tenaient pas contre un bon mouvement et qu'au lendemain de ses colères les
plus justes il regrettait d'avoir blessé. Avec une
astuce admirable, il s'avisa d'une libéralité, fort
touchante en apparence, qui ne lui coûtait pas
grand'chose. A l'occasion de quelque fête ou
jour de l'an, il écrivit à Victor Hugo pour lui
demander la permission de donner à sa filleule
la petite Adèle, quoi? la propriété des *Consolations*. Victor Hugo dut sourire quelque peu de
cette générosité platonique; il connaissait la

valeur marchande des *Consolations,* qui était loin d'égaler leur valeur poétique; le livre avait eu deux éditions et n'en devait pas avoir, et n'en eut jamais, une troisième. N'importe, Victor Hugo pouvait-il refuser un don auquel se rattachaient tant de pieux souvenirs? Il accepta donc en remerciant, Les chiens étaient rompus, et Sainte-Beuve d'écrire à un ami : « Voyez un peu ce Victor Hugo! Nous étions brouillés à mort; je fais un cadeau (il ne dit pas lequel) à ma filleule; il s'empresse, bien entendu, d'accepter, et nous voilà presque remis. » O magnifique Sainte-Beuve! ô rapace Victor Hugo!

Sainte-Beuve eut bientôt à se féliciter de son ingénieuse manœuvre : en janvier 1841, Victor Hugo était enfin nommé de l'Académie, et par là même en ouvrait les portes à ceux de 1830, dont, à un bon rang, Sainte-Beuve. De plus, l'élu devenait électeur et allait nécessairement avoir sur ses nouveaux confrères une sérieuse influence. Sainte-Beuve ne se dissimulait pas que sa voix pourrait en entraîner d'autres. Que faire pour le flatter et se le rendre favorable? Voici ce qu'il trouva encore :

La réception de Victor Hugo approchait;
Sainte-Beuve eut à demander pour des amis à
M. Lebrun, le secrétaire perpétuel, des billets
d'entrée à la cérémonie. Il n'en demanda pas
pour lui-même. Il prit ce détour adroit de paraître vouloir tenir le sien de Victor Hugo. Il
lui écrivit doucement, presque timidement.

Ce dimanche [fin mai 1841].

« Ce n'est pas sans une grande hésitation
que, vous sachant accablé comme vous devez
l'être de demandes, je me décide à y venir
ajouter la mienne. Il me serait pourtant très
agréable de vous devoir mon billet d'entrée à
votre réception. Dans mes sollicitations près de
M. Lebrun, je n'en ai pas fait pour moi, me ré-
servant de vous l'adresser. Ce que vous pourrez
ou ne pourrez pas sera bien, car je ne doute
pas que vous ne désiriez répondre favorable-
ment à mon désir.

« Mille souvenirs et hommages autour de
vous.

« SAINTE-BEUVE. »

1 ter, rue Mont-Parnasse.

La demande était faite de bonne grâce, Victor Hugo pouvait-il aigrement la repousser? Il envoya donc à Sainte-Beuve le billet souhaité. Et Sainte-Beuve se hâta de le remercier de l'envoi du carton comme d'une véritable marque d'amitié.

Dimanche [juin 1841].

« Je voulais vous remercier l'autre jour, après cette belle solennité, de votre amabilité pour moi; mais vous étiez trop entouré pour que je l'aie pu faire. Maintenant que le flot est moins pressé, laissez-moi vous dire combien j'ai été reconnaissant, et pour tout le plaisir que vous m'avez procuré, et pour la façon que vous y avez mise. Votre billet, que je garde, est pour moi un jeton très honorable de présence qui pour longtemps me suffit.

« Mille et mille compliments et hommages, s'il vous plaît, à votre famille.

« SAINTE-BEUVE. »

Après quoi, le silence se refit entre les anciens amis. Deux ans se passèrent sans qu'il reste trace de visite ou de lettre échangée.

Le 4 septembre 1843, Léopoldine, la fille bien aimée de Victor Hugo, meurt à dix-neuf ans, noyée à Villequier avec son jeune mari. C'est là, pour le père et pour la mère, le coup le plus affreux; devant une telle catastrophe, tous les amis s'émeuvent, les adversaires se rapprochent, les ennemis se réconcilient. Victor Pavie écrit éloquemment à Sainte-Beuve : « C'est le moment pour vous de rentrer par cette large blessure. » Que répondre à une telle invitation? Comment se justifier auprès de Victor Pavie, cœur généreux et tendre, de cette désertion cruelle? Il faut trouver des raisons, des prétextes. Sainte-Beuve écrit :

« ... Trois fois, depuis une année fatale (1837), la liaison réclamée, suppliée, reprise à grand'-peine, a manqué... Deux fois sur les trois, la liaison s'est brisée, avec *injures*, par lettres contre moi, injures non méritées. La dernière fois que la trame s'est pour jamais déchirée, ç'a été à la suite d'une visite, qu'il avait réclamée de moi, pour le pauvre enfant *Toto* bien malade... Un mois après, j'ai reçu une lettre de rupture, et violente, motivée par ma conduite et mon attitude *froide* en cette visite. J'ai répondu respectueusement, affectueusement. Nouvelle lettre qui m'interdit de répondre... Pour que j'y retournasse, même après cet affreux malheur, il eût fallu qu'elle m'en exprimât le désir formel, c'eût été un ordre. Elle ne l'a pas fait. En voilà pour l'éternité! »

On a vu avec quelle courtoisie Victor Hugo avait répondu à Sainte-Beuve à propos de l'Académie.

Il n'y a d'ailleurs qu'un mot à dire pour faire tomber tous ces flagrants mensonges de la lettre à Pavie. Comment! Sainte-Beuve a conservé de Victor Hugo toutes les lettres nobles, douces, cordiales, toutes les lettres qui le consolent, toutes les lettres qui lui pardonnent; et il aurait bénévolement anéanti ces lettres d'*injures imméritées*, ces lettres *violentes* qui accuseraient la dureté de cœur de Victor Hugo envers son *affectueux et respectueux* Sainte-Beuve! En vérité, Sainte-Beuve n'avait pas l'habitude d'une telle magnanimité!

Non, il y avait une autre raison, — et celle-là bien forte et bien impérieuse, — pour que Sainte-Beuve n'allât pas consoler ce père et cette mère en larmes. C'est qu'au moment même où ceux qu'il avait aimés étaient plongés dans un tel désespoir, Sainte-Beuve préparait contre lui et contre elle la trahison du *Livre d'amour*. Tout autre à sa place eût déchiré l'odieux libelle et couru auprès de la mère douloureuse. Lui, il eut la pudeur de ne pas l'approcher dans cette heure sacrée. Mais il continua tranquillement de corriger ses épreuves. Léopoldine était morte le 4 septembre 1843; le 6 décembre 1843, la *Bibliographie de la France* annonçait le *Livre d'amour*.

« En voilà pour l'éternité! » Mais l'éternité est une chose dont Sainte-Beuve a fait assez bon marché toute sa vie. Cette maison, jadis amie, de la Place Royale, à laquelle soi-disant par dignité blessée, il avait dit dans ce jour de deuil cet *éternel* adieu, il s'y précipitait, bien peu de temps après, en solliciteur, pour le salut de sa candidature à l'Académie.

Une élection avait eu lieu le 8 février 1844. Trois candidats étaient en présence : Alfred de Vigny, Sainte-Beuve et M. Vatout, écrivain de troisième ordre, mais fraternellement patronné par le roi Louis-Philippe. Il y avait trente-cinq votants; majorité absolue, dix-neuf. M. Vatout eut seize voix, Sainte-Beuve dix-sept, Alfred de Vigny trois. Victor Hugo, de préférence au critique, avait voté pour le poète; on trouvera, même à distance, qu'il avait voté comme il faut. L'élection fut ajournée au mois suivant.

Sainte-Beuve était hors de lui d'impatience et de dépit. « Il sèche sur pied », disait Doudan. Il courait éperdu d'un académicien à l'autre, de Cousin à Saint-Priest et de Saint-Priest à Molé. Mais, il n'y avait pas à se le dissimuler : tout, en fin de compte, dépendait de la voix décisive de Victor Hugo. Comment se le concilier? Ne disait-on pas au *National* qu'à défaut de Vigny, et par animosité contre Sainte-Beuve, Victor Hugo, au dernier tour, donnerait sa voix à Vatout, pour plaire au roi et être nommé pair de France? C'est dans cette anxiété que Sainte-Beuve se décida à retourner fort humblement Place Royale.

Voici dans quel dessein. Victor Hugo ne renoncerait assurément pas à voter pour Alfred de Vigny; il fallait donc obtenir qu'Alfred de Vigny se retirât; Sainte-Beuve leur proposerait

cette combinaison, assez usitée en Académie :
Alfred de Vigny déclinerait pour cette fois toute
candidature, et les partisans de Sainte-Beuve
prendraient l'engagement de le nommer à la
première vacance. Mais Alfred de Vigny consen-
tirait-il? Victor Hugo voudrait-il le lui conseiller? et, s'il gardait vraiment une rancune
tenace à Sainte-Beuve, allait-il se prêter à cette
manœuvre? — Victor Hugo s'y prêta. Le lendemain Sainte-Beuve écrivait à Victor Cousin :

Ce mardi matin.

« Cher Monsieur Cousin,

« Tout marche. J'ai vu hier à huit heures du
soir M. Hugo; un quart d'heure après est arrivé
M. de Vigny. On a causé deux heures durant,
et Hugo a parlé à Vigny sur son intérêt mieux
que je n'aurais pu faire. Hugo, je dois le dire,
a été parfait, et il a accepté franchement une
proposition qui était faite de même. Je les ai
laissés causant... »

Dans la séance du 14 mars suivant, Sainte-
Beuve, grâce au désistement de Vigny, était
enfin élu de l'Académie.

Il annonça, radieux, sa victoire à Mme Juste Olivier et ajouta avec désinvolture :

« Il y a une espèce de paix plâtrée entre Hugo, de Vigny et moi. Mon élection était assurée sans cela. »

Ce n'était pas la dernière fois qu'en cette affaire la bonne grâce persistante de Victor Hugo envers Sainte-Beuve allait être mise à l'épreuve.

Il se trouva que Victor Hugo ayant été directeur de l'Académie au moment où était mort Casimir Delavigne, le prédécesseur de Sainte-Beuve, c'était lui à qui incombait de répondre au discours de réception du nouvel académicien. La situation pour tous deux était des plus délicates, mais ils étaient tous deux gens de tact et de goût et ils ne pouvaient manquer de s'en tirer à leur honneur. Victor Hugo ne marchanda pas l'éloge au critique et à l'historien et alla jusqu'à louer le poète, à coup sûr au delà de ses mérites. Sainte-Beuve cependant n'avait pu se tenir de glisser dans la phraséologie subtile de son discours certains

aperçus qui pouvaient passer pour agressifs.
Victor Hugo le lui fit observer et lui demanda
de vouloir bien modifier ces passages; autrement, il aurait peut-être à modifier lui-même
quelques louanges qui avaient paru à plusieurs
dépasser la mesure de la simple justice. Sainte-
Beuve répondit aigrement que Victor Hugo
ferait ce qu'il voudrait, mais que, quant à lui,
il ne changerait pas une ligne à son discours.
En effet, le jour de la séance de réception,
Sainte-Beuve ne supprima pas un mot de ses
phrases désobligeantes. Victor Hugo maintint
ses éloges excessifs.

C'est encore Sainte-Beuve qui lui en rend
témoignage dans cette lettre :

[26 février 1845].

« Le flot de monde m'a empêché hier de vous
atteindre. J'ai couru le soir pour vous chercher.
Recevez mes remerciements pour ce que vous
avez écrit et proféré sur moi avec l'autorité que
j'attache à vos paroles, pour ce que vous avez
pour ainsi dire écrit deux fois puisque vous
l'avez maintenu. Quand je m'occuperai de Port-
Royal, j'aurai désormais en vue le grand

tableau que vous en avez tracé comme fond de
perspective, et quant à ma poésie, ce que vous
avez bien voulu en dire restera ma gloire.

« SAINTE-BEUVE. »

Victor Hugo répondit :

« Monsieur,

« Votre lettre me touche et m'émeut. C'est
du fond du cœur que je vous remercie de votre
remerciement.

« VICTOR HUGO. »

Les rapports entre les deux anciens amis en
restèrent à cet échange — un peu inégal — de
bons procédés. Il y eut encore sans doute entre
eux des rencontres, à l'Académie et ailleurs, il
n'y eut plus de relations.

Quand sa réponse au discours de réception de
Sainte-Beuve fut imprimée, Victor Hugo en offrit
à sa femme un exemplaire, en tête duquel il
écrivit :

A ma femme.
Double hommage,
de tendresse parce qu'elle est charmante,
de respect parce qu'elle est bonne.

V. H.

Et il épingla sur la première page la lettre de remerciement de Sainte-Beuve.

.·.

Maintenant, quelles furent les dernières relations entre Sainte-Beuve et Mme Victor Hugo?

Lors de la formidable insurrection de juin 1848, tandis que Victor Hugo, avec les autres représentants du peuple, haranguait les insurgés aux barricades, la place Royale fut occupée par l'émeute et subit un véritable siège; Mme Victor Hugo s'y trouva enfermée avec ses enfants, et ses amis eurent pour elle, pendant plusieurs jours, de graves inquiétudes. Dès qu'elle fut délivrée, Sainte-Beuve s'empressa de lui écrire, et sa lettre est la première et la seule trace qui reste de toutes ces années.

« Chère Madame,

« Au milieu de l'horrible crise où vous venez de passer, comment êtes-vous, vous et les vôtres? J'ai bien pensé à vous dans ce cercle de fer où vous étiez renfermée. Comment vont vos fils? Un mot, un simple mot, *bien* ou *assez bien*, jeté à la poste me donnerait une vraie joie. Votre mari a-t-il pu être avec vous?

« Je suis tout à vous, chère madame, avec mille respects. »

Puis Sainte-Beuve alla à Liège, les événements politiques se pressèrent; vint le coup d'état, vint l'exil.

Y eut-il, dans tous ces temps-là, entre Mme Victor Hugo et Sainte-Beuve, interruption de relations affectueuses? Pourquoi y en aurait-il eu? L'âme sereine et bonne de Mme Victor Hugo n'avait qu'une tendance et qu'un besoin : oublier le mal, se rappeler le bien. La femme la plus honnête ne se souvient pas sans attendrissement d'avoir été aimée, surtout quand elle n'a pas été insensible à cet amour; on pourrait même dire que l'attendrissement est d'autant plus grand que la femme est honnête. Mme Victor Hugo a dû revoir Sainte-Beuve, elle a dû lui écrire. Elle ne s'en cachait à personne, pas même à son mari.

On sait que ses lettres à elles ont été toutes anéanties. Nous n'avons de lettres de Sainte-Beuve qu'à la date de 1858.

Ils ne sont plus jeunes ni l'un ni l'autre. Le caractère de la correspondance de Sainte-Beuve est maintenant d'une gravité respectueuse ou d'un amical enjouement. Il dit son désenchantement et sa mélancolie. Il se plaît à revenir vers le passé et parle souvent et longuement de Victor Hugo.

Citons de ses lettres quelques passages intéressants qui en donneront le ton.

Ce 28 juillet [1858].

« ... Je n'avais plus eu de nouvelles depuis quelque temps, et votre frère Victor que j'avais rencontré ne m'ayant rien dit à ce sujet, je ne lui en avais point parlé. Il serait bien que vous pussiez venir, dans ce beau mois d'août et peut-être la santé du poète, qui n'est pas fait pour la maladie, sera-t-elle assez tôt réparée pour vous le permettre.

« Je me rappelle un temps bien lointain où nous faisions avec lui le projet presque fabuleux de quitter Paris et d'aller habiter je ne sais quel domaine champêtre du côté du Rhin : c'était au temps des grandes rêveries lyriques

et avant qu'il songeât à la lutte présente du
théâtre. Comment, après des années, après
trente ans, cette absence, cette émigration de
Paris s'est-elle accomplie dans des conditions
et sous des étoiles si différentes? L'inspiration
lyrique, certes, y a gagné, et, au point de vue
de l'avenir, le poète (pour ne parler que de
lui) paraîtra s'y être retrempé à des sources
puissantes bien qu'amères.

« Voilà ce qu'il faut vous dire et ce qu'il se
dit bien, sans doute, à lui-même tout bas. Cela
n'empêche pas les longueurs et les ennuis de
bien des journées. — Nous autres, — moi du
moins, qui vis ici à deux pas du tourbillon,
mais en dehors, si je ne m'ennuie pas, c'est
que j'ai fait dès longtemps mon deuil de tout
vrai plaisir. Excepté cette grande table, toute
chargée de plusieurs couches de volumes, je
n'ai pas de distractions et n'en veux plus, et
n'en conçois plus.

« La vie isolée permet d'arriver ainsi à une
indifférence finale consommée qui n'est pas
faite pour l'homme et que doivent ignorer ceux
qui vivent de la vie de famille.

« Quoique les mêmes pensées de déclin et

de terme doivent être pressenties de tous à de certains âges, elles sont heureusement corrigées et sauvées pour ceux qu'entourent à chaque instant des affections et des liens. C'est ainsi que les extrêmes fins d'automne peuvent être riches encore, et qu'on arrive à l'hiver avec une provision de chaleur et de cordialité qui chez d'autres est dès longtemps épuisée.

« Je voudrais savoir quelques nouvelles littéraires, de celles qui vous pourraient intéresser… En fait de poésie, ce ne sont que des imitations ou des diminutifs. Un ou deux poètes des derniers venus soutiennent assez noblement l'honneur du pavillon. Mais ce sont les vieux encore qui sont les plus jeunes et, entre tous, celui qui est dans son île comme le roi de Thulé. On dirait que la légende a commencé pour lui. Je désire qu'elle ne s'éternise pas, dût la poésie y perdre. Je souhaite qu'un jour, et sans, pour cela, que la terre ait à trembler sous nos pas, nous puissions le retrouver, ne fût-ce qu'à l'Académie, et vous, chère amie, vous revoir fixée au milieu de ceux qui vous aiment, avant les cheveux blancs. Car vous n'en avez pas du tout.

« Voilà, direz-vous, un étrange compliment
que je vous fais là pour finir. Mais j'ai mes
licences, étant du même âge.

« A vous de cœur et de respect. »

Dès qu'elle recevait une lettre de Sainte-
Beuve où il parlait de Victor Hugo dans
ces termes d'admiration et d'ancienne amitié,
Mme Victor Hugo s'empressait de porter la lettre
à son mari. Cette âme aimante avait fait le rêve
de rapprocher ces deux hommes qui avaient
été deux frères. Elle ne se rendait pas compte,
dans son incorrigible candeur, que la politique
avait creusé entre eux un nouvel abîme ; Victor
Hugo était exilé par l'Empire et Sainte-Beuve
s'était rallié avec ferveur à l'Empire. Victor
Hugo pourtant ne la décourageait pas de sa
bonté et lui répondait par un sourire. Sainte-
Beuve, peu confiant, éludait, doutant que « ceux
qui l'entourent fussent aussi bien disposés
qu'elle ? »

« ... Le bon Robelin m'a invité à l'aller voir
à sa maison de Saint-James, et à y dîner. C'est
ce que j'ai fait, il y a huit jours ; on y a parlé de

vous, et les oreilles ont pu vous tinter... Comme il y avait *près de trente ans* que je n'avais dîné chez Robelin, cela a été pour moi un événement intérieur par tous les souvenirs que j'ai sentis se réveiller.

« Je serais embarrassé à me traduire à moi-même l'effet que le temps a produit en moi : je crains que cet effet n'ait pas été un simple apaisement. Je me suis appesanti, j'ai essayé de recourir à tout un ordre de sentiments et d'idées. J'ai réussi du moins à me donner un grand désabusement et à acquérir un découragement profond. Assis auprès de ma table, je m'en tire avec ces gros livres que vous avez vus et que je renouvelle de temps en temps : toute mon activité se porte désormais sur eux et se passe autour d'eux. Hors de là, je ne suis guère d'usage, ni, comme on disait autrefois, de bonne compagnie. Le repos, la tranquillité est mon rêve; mais une tranquillité parfaite, au milieu d'un jardin, et avec une monotonie de vie que rien n'interrompe. Cette tranquillité-là, on ne la trouve complète que *sous le gazon.*

« Vous me dites que vous vous occupez de mettre en ordre ces souvenirs littéraires de notre jeunesse; vous faites bien, vous avez entre les mains de riches matériaux, vous pouvez, par des questions, suppléer à tout ce qui manquerait. Écrivez simplement ce que vous avez vu, entendu; rangez les lettres que vous retrouverez, et mettez-les, pour être imprimées, à leur date. Vous êtes à même de dire des choses qui, sous votre plume, seront plus convenables que sous celle même du grand chef d'École : il ne pourrait entrer dans certains détails, qui, de votre part, seront bien reçus. Si, sur quelques points, je pouvais vous donner quelques éclaircissements, vous n'avez qu'à parler; je vous les donnerais.

« Je n'ai jamais douté du fonds de bons sentiments que je trouverais pour moi en vous à chaque rencontre. Seulement, je suis un peu en méfiance, et tout naturellement, les personnes qui vous entourent et qui vous sont proches et chères n'étant pas tenues à une égale bienveillance envers quelqu'un qui a dû leur être présenté plus d'une fois sous une face au moins douteuse. C'est là la seule ombre que je vois aux idées de rapprochement et aux perspectives amicales que vous m'entr'ouvrez. Mais il m'est déjà très doux que vous en ayez la pensée ; et j'en accueille l'espérance sans trop presser l'avenir, sans trop me demander comment elle pourra se réaliser. Veuillez, mon amie, me conserver ces indulgentes dispositions et croire à ma reconnaissance. »

Mme Victor Hugo s'obstinait à ne pas vouloir que Sainte-Beuve restât tout à fait un étranger pour elle et les siens. Elle lui a fait part de ses projets pour marier sa filleule Adèle. Il répond :

Ce 3o janvier 1859.

« Laissez-moi protester tout d'abord sur ce mot : *crainte d'ennuyer*, qui ne saurait avoir de sens de vous à moi. Un souvenir de vous est toujours un événement dans ma vie. En tombant dans le lac immobile et mort, la pierre peut bien ne pas éveiller d'écho, mais l'abîme profond a tressailli.

« J'ai aussi des lettres de Béranger, et il y parle de *lui* [V. H.] comme à *lui*, il lui parlait de moi. Je crois que, sur tous ces points, il faut laisser dire. On est en proie à la publicité. Tous ces propos vrais, faux, contradictoires, se confondent, se corrigent, et dans tous les cas on n'y peut rien.

« — Je crois, puisque vous voulez bien vous découvrir à moi sur ce point de tendresse maternelle, qu'il y aurait lieu, en effet, de songer à un mariage. Pourquoi ne réaliseriez-vous pas cette idée que vous avez eue, de venir ici passer trois mois, de janvier ou février à avril? C'est ici seulement que votre chère enfant trouverait qui l'apprécierait : ce serait pour vous tous un lien étroit si elle s'établissait à Paris; vous y seriez tout naturellement rappelés, et une partie de la famille venant ici de temps en temps serait utile à ceux qui resteraient là-bas sur le rocher. Il n'est pas hors de propos de s'assurer comment le monde continuera chez nous de rouler, de se renouveler, de faire sa danse comme devant.

« Je crois que le *Shakespeare* de votre fils réussit, et je vous en félicite. C'est un travail qui lui fera honneur. — Vous étant à Paris pour quelques mois, il suffirait qu'on le sût, qu'on devinât vos intentions, que quelques amis particuliers eussent le mot, pour que les occasions passassent devant vous et devant elle, la chère

enfant, qui se laisserait peut-être reprendre, de
la sorte, à l'espérance et au rayon.

« Je suis, mon amie, tout à vous d'un cœur
bien respectueux. »

.˙.

Ici, une lacune de quatre ans, mais les lettres
qui nous manquent ne devaient pas différer
beaucoup des précédentes. En 1863, Mme Victor Hugo publie *Victor Hugo raconté par un
témoin de sa vie* et en envoie un exemplaire à
Sainte-Beuve. Il la remercie :

Ce 17 juin 1863.

« Madame et amie,

« Je reçois avec un mot de votre main les
beaux volumes : *Victor Hugo raconté par un
témoin de sa vie*. Je me mets à la lecture avec
l'intérêt qu'inspirent et le sujet et le témoin.
J'y trouve des faits tout nouveaux, j'y retrouve
des faits que je connaissais et qu'un récit pi-
quant réveille. Je goûte le talent du narrateur.
Mais combien je suis touché en voyant le sou-

venir aimable qu'on a gardé de moi et la manière charmante et honorable dont mon nom
est encadré dans ces pages que tous désormais
liront! Agréez, madame et amie, l'expression
de ma gratitude et de mes respectueuses amitiés. »

* *

Dans l'automne de 1864, Mme Victor Hugo fit
un petit voyage à Paris et s'installa à Auteuil
pour un mois; elle écrivit dès son arrivée à
Sainte-Beuve et le pria de la venir voir. L'aimable invitation ne fut pas sans causer un gros
embarras au critique du *Journal Officiel*; for-
tement appuyé auprès de l'empereur par la
princesse Mathilde, il attendait d'un jour à
l'autre sa nomination de sénateur! Était-il op-
portun qu'on le rencontrât, en un tel moment,
faisant visite à la femme du grand proscrit?
Une curieuse correspondance, et qui les peint
bien tous deux, s'engagea entre elle et lui.
Sainte-Beuve paraît d'abord vouloir s'exécuter
et annonce sa prochaine visite :

Ce 19 septembre [1864].

« Chère madame et amie,

« Je vous remercie de votre amical souvenir. En temps ordinaire, je ne suis pas un *travailleur*, je suis un mercenaire, assujetti à un article chaque semaine et sans une minute de loisir : avec cela, la pesanteur insensible qui vient avec le temps et qu'augmente cette vie forcément sédentaire ! Mais je viens de m'accorder un congé de quelques semaines et j'en profiterai pour vous aller saluer... »

« A bientôt donc, chère madame et amie, avec mille hommages de cœur. »

Il a promis, mais il ne tiendra pas. Quinze jours se passent et Mme Victor Hugo n'a pas vu venir Sainte-Beuve. Elle lui écrit pour lui rappeler qu'elle est pour bien peu de temps à Paris. Le voilà obligé de donner des raisons pour expliquer qu'il renonce cette fois au plaisir de la voir.

Ce 3 octobre (1884).

« Chère madame et amie,

« Vous devez me croire en faute ! J'ai eu mille ennuis et soucis. Et puis j'ai reculé un peu, je l'avoue, à l'idée de certains visages que le hasard pourrait me faire rencontrer. Vous ne pouvez savoir et sentir à quel point quelques-uns de ceux qui vous approchent et qui sont du groupe de l'illustre proscrit, ont été et sont pour moi des ennemis personnels, injurieux, sans que jamais je les aie offensés ni même vus. C'est le malheur des partis et des préventions politiques.

« Il y a, depuis quelques mois, suspendue sur ma tête, une nomination qui peut venir ou ne pas venir et dont le public et les journaux s'occupent plus que je ne le voudrais... Mais les retards se prolongent et menacent de s'éterniser : et voilà, en attendant, ce que je vous confie.

« Excusez-moi, chère madame et amie, ma vie n'est pas toujours agréable ; je suis en ce

moment fort à bout de travail et de cet assujet-
tissement de journal à poste fixe. Je voudrais
vous expliquer bien des choses par causerie.

« Je suis à vous de tout cœur et de respect. »

C'étaient là des choses auxquelles la droiture
de Mᵐᵉ Victor Hugo ne devait rien entendre.
On n'a pas sa lettre, mais il est aisé de la supposer d'après la réponse de Sainte-Beuve :
— Quelle énigme lui donnait-il à débrouiller?
Quels étaient ces ennemis personnels et injurieux? Elle ne lui en connaissait pas de tels
auprès d'elle. — Et elle devait ajouter qu'en
tout cas ses amis étaient gens bien élevés qui
ne se permettraient devant elle aucune injure.
Mais, pour que Sainte-Beuve ait l'esprit en
repos, elle s'arrangera pour être seule le lendemain vers trois heures. — Là-dessus, Sainte-
Beuve, assuré du secret, se risque à faire le
voyage d'Auteuil.

6 octobre 1864.

« Chère madame et amie.

« Je ferai en sorte d'être à Auteuil avant
trois heures. — Il n'y a pas d'énigme à dé-

brouiller; je n'ai personne en vue, mais je craignais d'avoir chance de rencontrer des personnes à qui mon visage serait peu agréable, ainsi qu'eux à moi; du moment que vous serez seule, il n'y a plus qu'à parler de vous.

« Avec mes respects de cœur. »

Malgré sa prudence, Sainte-Beuve ne fut nommé que l'année suivante. Une fois sénateur et inamovible, il ne se priva pas de faire de l'opposition à l'Empire et se brouilla à cette occasion avec la princesse Mathilde indignée.

*
* *

La correspondance de Sainte-Beuve avec Mme Victor Hugo ne dut pas cesser, mais on n'a plus retrouvé aucune de ses lettres. Mme Victor Hugo cite un fragment de l'une d'elles en écrivant de Bruxelles à son mari à la fin de mai 1867.

«... Sainte-Beuve, qui est malade et qui me donne quelquefois de ses nouvelles, m'écrit : « Voilà donc paru ce *Guide à Paris*[1] qui nous

1. *Paris-Guide.*

« rend, par une sorte d'illusion, la présence du
« grand introducteur. Plusieurs noms d'autre-
« fois se sont retrouvés unis et rassemblés.
« Cela n'est pas sans faire un triste et dernier
« plaisir. »

« — Dans une autre de ses lettres il me parle
de toi d'une façon plus émue encore. »

Mme Victor Hugo, on le voit, gardait toujours l'espérance et l'illusion d'une réconcilia-
tion possible. Elle la garda sans doute jusqu'à
sa mort[1]. Elle avait donc le sentiment qu'après
tout il n'y avait entre les deux hommes rien
d'irréparable. Eût-elle, en tout cas, tenu si
obstinément à les rapprocher si elle avait su
que l'un d'eux, à travers ses protestations d'admiration pour lui et de respect pour elle, gardait soigneusement, sournoisement caché contre
elle et contre lui un livre de haine qu'il appelait le *Livre d'amour?*

1. Elle mourut à Bruxelles le 27 août 1868.

TABLE